Richard Gappmayer

Nackt & bloß – Selbstführung
UNPLUGGED!

Eine Anstiftung zu mehr Klarheit und Wahrheit
im Leben

Nova MD GmbH

Bibliografische Informationen der Deutschen Bibliothek.

Die Deutsche Bibliothek verzeichnet diese Publikation in der Deutschen Nationalbibliografie; detaillierte Daten sind im Internet unter http://ddb.de abrufbar.

Das Werk einschließlich aller seiner Teile ist urheberrechtlich geschützt. Jeder Verwertung ist ohne Zustimmung des Autors unzulässig. Das gilt insbesondere für Vervielfältigungen, Übersetzungen, Mikroverfilmungen und die Einspeicherung und Verarbeitung in elektronische Systeme.

Erste Auflage.
©2018 Richard Gappmayer, Leharstr. 2/5, A-4560 Kirchdorf an der Krems
Alle Rechte vorbehalten.

Beratung: Monika B. Paitl, communications9, Salzburg
Redaktion: Monika B. Paitl, communications9, Salzburg
Satz: Wilhelm Ranseder, Wien
Lektorat: Josef Preundler, Schlierbach
Druck und Bindung: Sowa Sp. Z o. o. / printed in Polen
Versand und Vertrieb durch Nowa MD, Raiffeisenstr.4, D-83377 Vachendorf
Umschlaggestaltung: Lisa Wirth, DANCE ALL DAY Musicvertriebs GmbH, Vachendorf

Bildlizenz Titel: © Mayer George/Shutterstock & © Sashkovna /Shutterstock

ISBN: 978-3-96111-643-0

Achtsamkeit führt zu präzisen Entscheidungen.
Balance führt zu einem ganzheitlichen Weg.
Disziplin führt zu Höchstleistung.
Klarheit führt zu machtvollem Tun.
Haltung führt zu Ausstrahlungskraft.
Loslassen führt zu Ergebnissen.
Gelassenheit führt zum Ziel.

Inhaltsverzeichnis

Selbstführung unplugged … 6

01	Lust auf den Platz am Kutschbock?	11
02	Die Beständigkeit der Unsicherheit	19
03	Der lustigste Gewaltakt – das Lächeln	29
04	Dankbarkeit – die „magisch-machtvolle" Zutat im Leben	39
05	Verdammt nochmal – konzentrier dich!	51
06	Aktivität versus Achtsamkeit – oder doch beides?	61
07	Narzissten, die neuen „Aussätzigen" der Gesellschaft?	69
08	Entrümpeln – innen wie außen	79
09	Innere Ruhe – Kunst oder Kampf?	89
10	Vom Loslassen und anderen Balanceakten	97
11	Distanz gewinnen – für das eigene Seelenheil	107
12	Die ambivalente Macht der Stille	115
13	Wie hoch ist hoch genug als Drehzahl?	123
14	Change – Fluch oder Segen?	131
15	Glücklich unglücklich oder unglücklich glücklich?	143
16	Auf dem Seil des Lebens tanzen	155

17	Der Teufelskreis zwischen Tretmühle und Hamsterrad	165
18	Hoch hinauf und Ruhe finden	173
19	Optimierungszwang – wenn die Büchse der Pandora knallt	181
20	Ohne Macht sind wir nichts	191
21	Carpe Diem – leichter gesagt als gelebt	205
22	Wider den Stillstand	215
23	Der Feind im eigenen Leben?	225
24	Ich bin dann mal bei mir	235
25	Gespenster der Vergangenheit oder Kraft im Jetzt?	243
26	Gesundheitsrisiko Freizeit	251
27	Wenn die Krise fordernd anklopft	261
28	Harmonie – wirklich das gelobte Land?	271

Klar und wahr – jetzt bist du dran	280
Über den Autor	283

Selbstführung unplugged

Erkenne, dass alles, was du bist und was du wirst, nur in dir selbst liegt und aus dir selbst kommt!

Weißt du, wer du bist? Was dich ausmacht, bis in die Tiefen deines Seins? Halt, antworte bitte nicht zu schnell. Wir sind bei einer solchen Frage geneigt, sofort zustimmend zu nicken und im Brustton der Überzeugung zu deklarieren: „Ja, natürlich, ich kenne mich ganz genau." Ich wage zu behaupten, dass du betreffend zahlreiche noch verborgene Facetten deiner Persönlichkeit absolut keine Ahnung hast, wer du bist. Und du vor allem total ignorierst, wer du sein könntest. Glaub mir, du hast mit hoher Wahrscheinlichkeit keine Ahnung, was für eine große und großartige Person du bist oder sein kannst.

Schon Niccolò Machiavelli hat gewusst: „Alle Menschen sehen in dir den, als der du erscheinst. Wenige sind es, die dich als den fühlen, der du bist!" Die meisten Menschen haben eine konkrete Vorstellung davon, wie ihre Mitmenschen sie sehen sollten, gutaussehend, stark, machtvoll, großzügig, gerecht und vor allem beliebt. Und unabhängig davon, wie sie wirklich sind, tun sie alles, um diesem Bild gerecht zu werden. Nur selten jedoch entspricht diese nach außen getragene Erscheinung dem wahren Wesen der dahinter verborgenen Person. Jeder will anders scheinen und sein, nur nicht so, wie er oder sie ist. Erschwerend kommen dabei die Erwartungen jener Personen hinzu, die uns umgeben. Denn auch sie haben eine Vorstellung davon, wie wir eigentlich sein sollten. Und jene Entwicklungsschritte, die in diese von anderen gewünschte Richtung führen, werden von unserem Umfeld gefördert; was ihr widerspricht, wird einfach ignoriert.

Auf diese Weise traben wir durch das Leben, verhaftet im Hamsterrad der Konventionen und Vorgaben und Erwartungen anderer. Uns gar nicht mehr bewusst, wie wenig wir uns ähneln, immer weiter und weiter im selben Trott. Unterschwellig aber wünschen sich viele ein erfüllenderes, sinnvolleres, echtes und wahres Leben. Unterbewusst tragen wir dieses Gefühl des „da muss doch einfach noch etwas sein" in uns.

Und JA! Es gibt durchaus mehr zu entdecken und zu leben in dieser unserer Existenz. Wir müssen es nur wagen, genauer hinzusehen. Den Mut haben, jene Schichten abzutragen, die uns noch daran hindern, ganz WIR SELBST zu sein. Dazu ist es erforderlich, abrupt den Stecker zu ziehen, konsequent stopp zu sagen und zur direkten Bestandsaufnahme zu schreiten. Sozusagen einen „unplugged" Blick darauf zu werfen, was und wer wir sind. Uns vor uns selber völlig nackt & bloß aufzustellen und der Wahrheit über diese Person ins Auge zu blicken.

Zentrale Elemente dabei sind unsere Selbstführung und unsere Selbsterkenntnis. Sie sind das grundlegende Rüstzeug, um uns selber besser zu verstehen und uns dadurch konsequenter und disziplinierter in Richtung eines glücklicheren, erfüllteren Lebens führen zu können.

Viele Menschen glauben, dass sie sich schon ausreichend und intensiv selbst führen. Sehr oft ist das ein Irrtum. Denn sie managen sich nur selbst. Sie geben ihren Terminen und Aufgaben Prioritäten und hetzen von einem Meeting zum anderen. Wenn ihre Tagesabläufe annähernd funktionieren und nichts wirklich schiefgeht, glauben sie, dass alles in Ordnung ist in ihrer Welt. Aber stimmt das? Denn wer so lebt, der wird von den Umständen gehandelt, der handelt nicht mehr selbst! Der reagiert nur noch, aber agiert nicht mehr aus eigenem Antrieb. Funktionierende Selbstführung sieht anders aus. Da stellt sich dann schon die Frage: „Führe ich mich wirklich selbst? Und wenn ja, wohin?" Im Außen, aber vor allem im Inneren. Um diese Frage glasklar zu beantworten, brauchen wir hohe Selbstkenntnis und hohe Selbsterkenntnis gleichzeitig. Denn das „Sich-Selbst-Erkennen" und das „Sich-Selbst-Führen" gehören unweigerlich zusammen.

Wenn du dann nach diesem tiefgehenden Prozess endlich das Gefühl hast, „Ich bin ich selbst", dann fallen die Rollen, die du permanent spielst, auf einmal weg. Du musst dich nicht mehr beweisen, du musst nicht mehr imponieren, du stehst nicht unter Druck, sondern „du bist". Wenn du ganz du bist, ohne den Druck, dich ständig beweisen zu müssen, dann geht von dir viel Positives und Angenehmes aus. Das führt automatisch dazu, dass Menschen in deiner Nähe sich endlich auch erlauben, sie selbst zu sein. Wenn wir alle mehr und mehr wir selbst werden, handeln wir authentischer und menschlicher mit uns und anderen. Kurz gesagt: Wir sind bei unserer eigenen Klarheit und Wahrheit angelangt!

Du selbst zu sein bedeutet, dass du dir erlaubst: „Alles darf in mir sein." Alle Gedanken und Gefühle, die aus dir auftauchen, haben einen Platz. Alle dürfen sein. Aber, du bist auch verantwortlich dafür, wie du mit diesen Gefühlen umgehst. Ob du sie einfach so vorbeiziehen lässt oder ob du durch diese Emotionen hindurch immer auch nach deinem wahren Selbst fragst. Sobald du zu einem direkten und klaren Dialog bereit bist, mit diesen Gefühlen sozusagen ins Gespräch kommst, werden sie dich zu genau der Energie führen, die deinem Selbst auf dem Grund deiner Seele immer zur Verfügung steht. Bist du erst mit diesem wahren Selbst in tiefer Berührung, dann wirst du den

Unterschied merken. Du lebst, anstatt gelebt zu werden.

Hätte ich diesen doch sehr mühevollen Weg der klaren Selbsterkenntnis und daraus resultierenden Selbstführung nicht selber beschritten, würde ich es nicht wagen, in diesem Buch darüber zu schreiben. Ich habe zahlreiche persönliche „unplugged" Momente von unglaublicher Intensität hinter mir. Einer, der sich mir besonders und für immer eingeprägt hat, ist dieser: Trotz einer starken Agoraphobie, also der Angst vor weiten Plätzen, kombiniert mit galoppierender Höhenangst, habe ich mir vor einigen Jahren das hohe Selbstführungs-Ziel gesetzt, den Kilimandscharo zu besteigen. Ich wusste damals bis kurz vor dem Gipfel nicht, wie ich auf diese Expedition reagieren würde. Ob mein System diese Herausforderungen aushalten oder zusammenbrechen würde. Mehr „nackt & bloß" vor sich selbst geht nicht. Hatte ich Angst? Oh ja, große Angst. Aber, ich bin weiter aufgestiegen. Weil Umkehren einfach keine Option war. Ich habe es erfolgreich bis zum Gipfel geschafft. Und in diesem Moment für mich beschlossen, dass ich aus meinem damaligen beruflichen Hamsterrad aussteigen würde. Weil ich wusste, wenn ich diesen Berg geschafft habe, dann kann ich alles erreichen!

Was ich konnte, das kannst du auch. Jeder kann es. Jeder, der bereit ist, die Reise zu sich selbst und zu diesem außergewöhnlichen Zustand des inneren wie äußeren „Unplugged" anzutreten.

Mit diesem Buch gebe ich dir 28 wertvolle Impulse an die Hand, die dich auf dem Weg zu dir selbst begleiten und dich unterstützen, die innere Angst vor dir selbst und deiner wahren Größe zu überwinden. Damit du so mutig wirst, endlich das zu tun, was erforderlich ist, um der Mensch zu werden, der du wirklich bist.

Dein

Richard Gappmayer

Hinweis im Sinne des Gleichbehandlungsgesetzes:
Aus Gründen der leichteren Lesbarkeit wird auf eine geschlechterspezifische Differenzierung, wie zum Beispiel Teilnehmer(innen) etc., verzichtet. Entsprechende Begriffe gelten im Sinne der Gleichbehandlung für beide Geschlechter.

01

Wer sich erfolgreich selbst führen will, sollte stets sein eigener, innerer, verlässlicher Motivationsgeber sein.

Ja, ich kann - So funktioniert Selbstmotivation

Herausforderungen im Beruf wie im privaten Leben bringen uns oft an unsere physischen wie mentalen Grenzen. Auf welche Weise findest du dann die Kraft, dich immer wieder selbst zu motivieren und dich in eine geistige Leistungshaltung zu katapultieren? Wie motivierst du dich dann am besten? Bist du dabei wirklich ganz auf dich allein gestellt? Oder gibt es eine andere Person, die dich inspirieren und mitreißen könnte? Und wenn nicht, was tun? Eines ist sicher, der Weg zur dauerhaften Motivation ist mit vielen Fragen gepflastert. Die Antworten darauf liegen wie immer in uns. Denn unser größter Motivationsgeber sind immer noch wir selber, wenn wir das denn wirklich wollen!

Top-Performer haben einen

Marcel Hirscher hat einen, David Alaba hat einen. Unternehmer und Führungskräfte haben einen, Politiker haben einen. Nein, nicht, was du jetzt denken magst, die Rede ist von einem eigenen Coach. Denn das mit der immensen Einsamkeit an der Spitze, das war einmal und zählt eher zu den Märchengeschichten. Seit einiger Zeit steht, so scheint es, hinter so ziemlich jedem erfolgreichen Menschen ein Berater oder eine Beraterin.

Coaches helfen Managern, das Chaos und die Überlastung in ihren Köpfen in einen hübsch übersichtlichen „Schlachtplan" umzuwandeln und halten den Karrierefrauen mental die Leiter in die Führungsetagen. Coaches unterstützen, bringen weiter, fordern und fördern. Kein Wunder, dass sich mehr und mehr Menschen überlegen, ob sie sich nicht auch ein paar dieser Motivationsstunden gönnen sollten, um den einen oder anderen wunden Punkt im Leben zu heilen, oder sich sogar fragen, ob sie sich vielleicht nicht auch selbst coachen könnten.

Bock auf den Kutscher?

Im Englischen bedeutet Coach auch Kutsche. Und wäre das nicht bequem? Auf einem Pferdewagen galoppierst du einem mit Sicherheit besseren Leben entgegen, stets umsichtig gelenkt vom Richtungsweiser auf dem Kutschbock. Ohne ihn irrst du dann vielleicht mutterseelenallein durch die mitunter düstere Seelen-Landschaft, stolperst über alte Unsitten und fliehst vor deinen Urängsten. Als Passagier wirst du auf diese Weise bequem durch das holprige Gefilde chauffiert, kannst dich zurücklehnen, während Herr oder Frau Coach dafür sorgen, dass die Pferde nicht mit dir durchgehen oder völlig in den Stillstand kommen. Ein schönes Bild, nicht wahr? Nur, es hat mit der Wirklichkeit nicht viel gemein.

Nichts fliegt dir im Leben einfach so zu! Kein Coach der Welt kann die intensive Arbeit deiner persönlichen Weiterentwicklung für dich übernehmen. Er kann dir zwar helfen, auf deinem Weg mehr Klarheit und Wahrheit zu erkennen. Aber auch Menschen, die sich coachen lassen, müssen selber hart an sich arbeiten! Ein Coach kann nur anregen, TUN und die richtige Motivation dafür zu finden, das ist deine eigene Aufgabe! Abgesehen davon stellt sich die Frage, was tust du, wenn du dir keinen solchen Profi am Kutschbock leisten kannst oder willst? Dann greifst du selbst beherzt nach den Zügeln und bist dein eigener, verlässlicher Motivationsgeber.

Standortbestimmung – Wie ist dein Status quo?

Die erste Frage, die du dir auf deinem Weg der Selbstmotivation stellen solltest: Was ist dein aktueller Status quo? Finde heraus, wo du gerade stehst. Welche Herausforderungen und Belastungen gibt es aktuell in deinem Leben? Was kostet dich Kraft, wo verstecken sich eventuelle Energieräuber?

Was möchtest du ändern, entwickeln, erreichen? Ganz wichtig dabei: Vergiss niemals dankbar zu sein für jene Dinge, die gut laufen, mit denen du zufrieden bist, und aus denen du Kraft schöpfen kannst.

Das kann allerdings eine ziemliche Herausforderung sein. Es gibt immer wieder Zeiten im Leben, in denen man nicht so genau weiß, wo man eigentlich hinwill. Du hast vielleicht unscharfe Vorstellungen von einer Zukunft, die du dir wünschst, aber noch keine Ahnung, wie du dort hinkommst. Aktive Selbst-Motivation hilft, diese vagen Ideen in Ziele zu übersetzen und zu konkretisieren.

Das Glänzen in den Augen zeigt den Weg

Es stellt sich auch die Kernfrage jeder Motivation: WARUM willst du dieses Ziel erreichen? Welches Bedürfnis wäre erfüllt, wenn diese Idee für dich Wirklichkeit würde? Was hättest du für dich und dein Leben gewonnen? Lockt dich diese Vorstellung wirklich intensiv genug, um die auf dem Weg ganz sicher auftretenden Durststrecken durchstehen zu können? Wenn wir das Ziel attraktiv finden, sagt nicht nur unser Verstand, sondern auch unser Bauch mit seiner gesamten Lebenserfahrung: „Ja".

Wenn du lernst, auf deine Körpersignale zu achten und sie zu verstehen, kannst du diese dazu nützen, wirklich motivierende Ziele zu finden.

Denn erst, wenn das Bild vom gewünschten Ergebnis mit einem positiven Körpersignal verbunden ist und ein Glänzen in deinen Augen hervorbringt, kommt vom Gehirn der „Marschbefehl". Fehlen diese positiven Reaktionen, solltest du deine Zielformulierung so lange verändern, bis sie mit ausreichend attraktiven Bildern verknüpft ist und du tatsächlich in Aktion kommst.

Wenn also deine Augen bei dem Gedanken an das, was du innerhalb eines Jahres erreichen willst, strahlen und glänzen, und dein Hirn dir ganz klar suggeriert, das geplante Vorhaben, das Ziel ist absolut lohnenswert, dann wirst du durch diese sprudelnde Motivation, die tief und überzeugt aus deinem Inneren aufsteigt, sehr rasch ins Tun kommen und mit Elan in die Umsetzung gehen.

Ja, du kannst!

Dornröschen

Nach vielen Jahren des Schlafes wacht Dornröschen auf, aber es steht niemand da, der sie retten will. So schläft sie wieder ein.

Jahre vergehen, und sie wacht wieder auf. Sie schaut nach links, nach rechts, nach oben. Aber wiederum ist niemand da. Weder ein Prinz noch sonst ein Mann mit einer Heckenschere. Und sie schläft wieder weiter.

Schließlich wacht sie zum dritten Mal auf. Sie öffnet ihre schönen Augen und sieht wiederum niemanden. Da sagt sie zu sich selbst: „Jetzt reicht's!" Sie steht auf und ist erlöst.

Quelle unbekannt

Selbstführungsimpulse unplugged: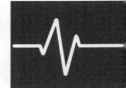

Wie sieht es generell mit deiner Selbst-Motivation aus?

Bist du in dieser Hinsicht schon ein Meister der Selbstführung und schaffst es meist, diszipliniert an deinen Vorhaben dranzubleiben und sie bewusst und achtsam zu verfolgen? Dann hast du deine Ziele vermutlich stark und machtvoll im Blick und gehst kraftvoll deinen Weg.

Oder lässt du dich noch von deinen Vorhaben ablenken, von deinen Ideen leicht abbringen und schwankst oft wie ein richtungsloses Blatt im Wind? Dann ist das vermutlich der Moment für mehr innere Klarheit, wohin du willst und wie du dort ankommen kannst. Nimm dir ausreichend Zeit, um dies für dich herauszufinden. In dir ist bereits alles vorhanden, was du dazu brauchst.

02

Wer sich erfolgreich selbst führen will, sollte zwischen vermeintlichen Unsicherheiten und echten Bedrohungen im Leben glasklar unterscheiden können.

Die Beständigkeit der Unsicherheit

Viele Bereiche unseres Lebens sind fragil. Wie gehst du mit der Tatsache richtig um, dass vieles in deinem Leben unsicher ist? Fühlst du dich bedroht von Veränderungen verschiedenster Natur oder bist du sogar schon völlig aus den Fugen geraten durch plötzliche Zusammenbrüche des Systems rund um dich? Kaum jemand kann sich in solchen Momenten, die einen völlig unsicheren und schwankenden Boden mit sich ziehen, noch immer vertrauensvoll in die Zukunft bewegen.

Dabei kann jede Veränderung eine so wunderbare Möglichkeit zur Entwicklung sein! Nicht jeder aber sieht dabei die Chancen, die eine solche Unsicherheit mit sich bringen kann oder nimmt unangenehm erscheinende Veränderungs-Situationen als vielversprechende Entwicklungsmöglichkeit mit Freude an. Ganz im Gegenteil: Die Mehrheit der Menschen hat Angst vor Situationen, die Neues oder sogar Krisen mit sich bringen. Ist es uns überhaupt möglich, uns fit zu machen für das Ungewisse? Und wenn ja, was braucht es dazu?

Unsicherheiten – präsent wie eh und je

In den letzten Jahrzehnten beziehungsweise Jahrhunderten sind sehr viele fundierte Überlieferungen zusammengebrochen – Überlieferungen zu Regierungsformen, zum familiären und sozialen Leben, in wirtschaftlicher Hinsicht und betreffend den religiösen Glauben. Immer mehr an Bedeutung verlieren auch jene Dinge und Werte, die wir bisher als absolut richtig, wahr und allzeit gültig betrachten konnten. Die sicheren Felsen, an die wir uns bisher immer klammern konnten, scheinen im Laufe der Jahre mehr und mehr zu schwinden, sie driften weiter und weiter weg und entfernen sich eines Tages endgültig.

Große Unsicherheiten gab es schon immer, in allen geschichtlichen Zeitaltern und Jahrhunderten. Daran hat sich bis heute nichts geändert. Diese Unsicherheiten und Risiken haben nur ihr Erscheinungsbild verändert, aber sie sind präsent wie eh und je.

Wir leben in einer Gesellschaft, in der ständig alles im reißenden Fluss zu sein scheint, in der sich Veränderungen mit einer derartig hohen Geschwindigkeit vollziehen, dass wir den Überblick zu verlieren drohen. Das ängstigt und lähmt uns. Dabei wäre es so wichtig, dass wir uns daran gewöhnen, denn die Unsicherheit wird Bestand haben!

Fix ist, dass nichts fix ist

„Ich weiß, dass ich nichts weiß!" – Das schrieb einst schon Sokrates und warnte auf diese Weise davor, zu viel Vertrauen in das eigene Wissen zu haben. Vor dieser Gefahr sind wir heute vermutlich gefeit. Denn im Prinzip wissen wir nichts, zumindest nichts über die Entwicklungen, die langfristig in gewissen Bereichen auf uns zukommen. Vor einigen Jahrzenten starteten die Menschen ihre berufliche Karriere in der Überzeugung, dass sie in ihrem gewählten Job alt werden könnten.

Heute beginnen viele junge Leute ihr Berufsleben mit extremer Unsicherheit. Nicht wissend, wie lange dieser Arbeitsplatz ihnen sicher ist, nicht wissend, ob dieser Job sie und ihre zukünftigen Familien auch ausreichend ernähren kann, nicht wissend, wie lange es diese Art der Tätigkeit überhaupt noch geben wird. Die Welt dreht sich schneller in fast jeder Hinsicht, neue Branchen und Berufsfelder entstehen rascher, als manche Menschen sich weiter entwickeln können.

Daraus resultiert, dass Berufskarrieren heute nur mehr begrenzt planbar sind. Somit verläuft auch der Weg zu Partnerschaft, Familie und Kindern auf eher unsicherem und nicht so leicht planbarem Terrain. Konnten wir bislang darauf vertrauen, dass unser Geld in der Bank sicher war und akzeptable Zinsen abwarf, so müssen wir uns heute fragen, ob wir nicht durch die Eurokrise und gierige Märkte um unser Erspartes gebracht werden. Auch die Angst, im Alter nicht ausreichend abgesichert zu sein, nimmt – auch bei jungen Leuten – dramatisch zu.

Die Angst vor der vermeintlichen Apokalypse

Die tiefe Abneigung gegenüber der Unsicherheit scheint ein evolutionäres Erbe zu sein. Auf Unbekanntes und Verunsicherndes ängstlich und vorsichtig zu reagieren, war für unsere Vorfahren überlebenswichtig. Das menschliche Gehirn musste in unendlich langen Zeiträumen vor allem als Gefahrensensor funktionieren: Es herrschten Hunger und Kälte, ebenso galt es, Feinde aller Art abzuwehren. Deshalb hat der Mensch ein Gehirn, das immer auf das Schlimmste gefasst ist und sich in unsicheren Lebenslagen sofort unbehaglich fühlt.

Diese eingebaute „Gefahrenaversion" ist eine sinnvolle

Einrichtung, wenn es um die Abwehr von konkreten Bedrohungen geht. Sie wird aber kontraproduktiv in Situationen, die kognitive Unsicherheit und Ungewissheit hervorrufen. Denn Ungewissheit gefährdet die individuelle Handlungs- und Funktionsfähigkeit, die eng mit der Kontrollierbarkeit und Vorhersagbarkeit von Situationen verknüpft ist. Wir verirren und verheddern uns dann leicht in einer unnotwendigen gedanklichen Apokalypse, aus der wir nicht so leicht wieder herausfinden.

Eine positive Kultur der Unsicherheit leben

Wir sind nun einmal so: Um die Herausforderungen des Lebens erfolgreich bewältigen zu können, brauchen wir ein gewisses Maß an Überschaubarkeit, Vorhersehbarkeit und Stabilität. Wir wollen lieber wissen, mit welcher Situation wir es zu tun haben, was als Nächstes zu erwarten ist, was wir im Detail tun können und mit welchen Konsequenzen wir zu rechnen haben.

Droht der Verlust von Kontrolle und Vorhersagbarkeit, führt dies zu Hilflosigkeit. Um dieses schwer auszuhaltende Gefühl zu vermeiden, klammern sich viele Menschen an der Vorstellung fest, dass das Leben unbedingt berechenbar und sicher sein muss. Das Gegenteil trifft zu! Gerade heute ist es so immens wichtig, eine positive Kultur der Unsicherheit zu entwickeln und intensiv zu leben.

Experten sollen dann in Unsicherheitssituationen Orientierung und Rat liefern. Sie sind an die Stelle der früher Sinn und Orientierung gebenden Instanzen wie Familie und Kirche getreten und werden immer dann zu Hilfe gerufen, wenn die Unsicherheit besonders unerträglich wird. Doch der beste Expertenrat kann einem Menschen nicht dabei helfen, die vielen Risiken seines Daseins aufeinander zu beziehen, richtig einzuschätzen und daraus die Kraft zum Wagnis zu gewinnen. Können wir lernen, mit Unsicherheit sicherer umzugehen?

Der Korb des alten Mannes

Ein alter Mann und ein Waisenjunge, beide auf der Wanderschaft, trafen sich und beschlossen, ihren Weg gemeinsam fortzusetzen. Der alte Mann trug einen großen, zugedeckten und offenbar sehr schweren Weidekorb mit sich. Er ging tief gebeugt und stöhnte hin und wieder unter seiner Last.

„Soll ich den Korb für Dich tragen?", fragte der Junge. „Nein, antwortete der Alte, den Korb kannst du mir nicht abnehmen, den muss ich ganz alleine tragen." „Was ist denn in dem Korb?", fragte der Junge. Aber er erhielt keine Antwort. Nachts, wenn der Alte glaubte, dass der Junge schlief, kramte er in seinem Korb herum und sprach leise mit sich selbst.

Es kam der Tag, als der alte Mann sich niederlegte, um zu sterben. „Du wolltest

doch immer wissen, was in dem Korb ist, nicht wahr?", sagte er zu dem Jungen. „In diesem Korb sind all die Dinge, die ich von mir selbst glaubte und die nicht stimmten.
Es sind die Steine, die mir meine Reise erschwerten. Auf meinem Rücken habe ich die Last jedes Kieselsteines des Zweifels, jedes Sandkorn der Unsicherheit und jeden Mühlstein des Irrweges getragen, die ich im Laufe meines Lebens gesammelt habe. Aber ach – ohne sie hätte ich so viel weiter kommen können im Leben.
Statt meine Träume zu verwirklichen, bin ich nun hier angekommen." Und er schloss die Augen und starb.
Der Junge ging zum Korb und hob den Deckel. Der Korb, der den alten Mann so lange niedergedrückt hatte, war leer.

Quelle unbekannt

Selbstführungsimpulse unplugged: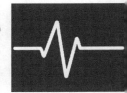

Wie sieht es bei dir betreffend den Umgang mit Unsicherheiten aus?

Bist du in deinem Leben noch im völligen Schwarz-Weiß-Denken verhaftet und lässt dich sofort von düsteren, apokalyptischen Gedankengängen negativ beeinflussen, sobald du den Ausgang einer Situation im Moment nicht erkennen kannst?

Oder gelingt es dir bereits, die so wichtige positive Kultur der Unsicherheit zu leben und momentane Ambivalenzen als das anzunehmen, was sie sind: Notwendige Wellen auf deinem Erfolgskurs? Ja, sie werden dein Boot vermutlich in gefährliches Schwanken bringen. Aber nicht notwendigerweise zum Kentern! Und vergiss dabei nicht, gerade im tiefsten Wellental liegen die größten Erkenntnisse und höchsten Wachstumschancen verborgen, die das Leben dir bieten kann.

Überlege dir vielleicht jetzt schon, wie du mit der nächsten Unsicherheitswelle umgehen willst. Denn eines ist sicher: Sie kommt!

03

Wer sich erfolgreich selbst führen will, sollte niemals vergessen, dass ein Tag ohne Lachen – auch und gerade über sich selbst – ein verlorener Tag sein kann.

Der lustigste Gewaltakt – das Lächeln

Wie sieht es bei dir aus? Lachst du oft genug? Lachst du überhaupt? Ja, das dürfen wir auch im Alltag. Wir müssen es sogar! Und speziell dann, wenn die Dinge einmal nicht so prickelnd laufen. Denn Humor und Lachen sind wesentlich für unsere seelische wie körperliche Gesundheit verantwortlich. Wenn wir „nichts mehr zu lachen" haben, uns sprichwörtlich „das Lachen vergeht" oder gar „im Halse stecken bleibt", ist es höchste Zeit, innezuhalten und unser Leben neu zu überdenken. Schon alleine deswegen, weil Lachen wie Balsam für Körper, Geist und Seele ist!

Vor 40 Jahren, so fanden Forscher heraus, haben die Menschen noch drei Mal mehr gelacht als heute. Auf nur noch 15 Mal Lachen oder Lächeln pro Tag bringen es Erwachsene im Schnitt! Kinder sind deutlich fröhlicher – und auch glücklicher. Sie lächeln oder lachen täglich durchschnittlich 400 Mal. Und wir Erwachsenen, warum gehen wir so ernst durchs Leben? Findest du nicht auch, dass es höchste Zeit ist, ausreichende Gründe zum Lächeln und zum Lachen zu finden?

Die Anatomie des Lachens

Dein Atem wird schneller, dein Herz rast. Die Luft schießt mit hunderten von Stundenkilometern aus deinem Mund. Deine Nasenlöcher werden deutlich größer, deine Stimmbänder schwingen wild. Deine Finger werden feucht. Das Zwerchfell hüpft. Die Beinmuskeln erschlaffen und deine

Knie werden weich. Deine Augen verengen sich zu Schlitzen. Nein, du hast keinen Anfall! Du lachst. Aus deinen tiefsten Körperregionen heraus, ohne darüber nachzudenken, rollt das Gelächter unkontrollierbar aus dir heraus!

Wusstest du das? Adrenalin und Kortisol nehmen bei starkem Gelächter ab. Das Glück in Form von Endorphin sorgt für Entspannung. Verdauung und Stoffwechsel werden angekurbelt. Das Herz-Kreislauf-System, das Zwerchfell, die Gesichts- und Bauchmuskeln werden angeregt. Die Lunge transportiert drei bis viermal so viel Sauerstoff. Auch das Herz und das Immunsystem werden gestärkt. Der Jochbeinmuskel zieht die Mundwinkel nach oben.

Siebzehn Muskeln im Gesicht und achtzig im ganzen Körper arbeiten auf Hochtouren. Es ist der lustigste Gewaltakt im Menschen. Dein Lachen!

Lachen als wirksames Kommunikationsmittel

„Ein Tag ohne Lachen ist ein verlorener Tag", wusste schon Charlie Chaplin. Durchschnittlich dauert so ein Lacher ca. zwei Sekunden und sieben Ha-Ha-Has. Da gibt es keine Ausreden mehr, zu viel Arbeit zu haben oder anderweitig verhindert zu sein. Diese Zeit kann sich jeder nehmen. Männer lachen übrigens mit mindestens 280 Schwingungen in der Sekunde. Frauen sogar mit 500 Schwingungen in der Sekunde! Ein vollkommenes und echtes Lachen ist ein Reflex. Es wird in jener Gehirnregion ausgelöst, die deutlich älter ist als unser Sprachzentrum.

Forscher haben sich vor langem schon dem wichtigen Thema der Erheiterung oder besser gesagt, der Gelotologie, angenommen. Das kommt aus dem Griechischen und bedeutet die „Lehre vom Lachen". Das ist doch einmal eine Wissenschaft, die das Gegenteil von trocken und langweilig ist!

Manche Gelotologen glauben, dass das Lachen früher eine Form der Kommunikation war. Aus dem Fletschen der Zähne soll es entstanden sein, aus einer eindeutigen Drohgebärde also. Ein gesundes Gebiss, mit dem man auch morgen noch kraftvoll zubeißen konnte, war ein Zeichen für Kraft und schlug Feinde mit eher löchrigen Kauleisten sofort und für immer in die Flucht. Innerhalb einer geselligen Gruppe war das Lachen aber immer schon ein Zeichen der Sympathie, das die Gemeinschaft miteinander verbindet.

Die vielen Gesichter des Lächelns

Dein ganz persönliches Lachen hat viele Facetten. Mal lachst du vor praller und hüpfender Freude, dann wieder aus purer Albernheit oder auch aus schierer Erleichterung. Man lacht sich auch sprichwörtlich kaputt, wenn etwas komisch ist. Man schmunzelt, man kichert, man grinst, man platzt heraus, brüllt auch vielleicht einmal vor Lachen. Und es kann auch seine bösen Seiten haben, dieses Lachen. Dann könnte es höhnisch, verächtlich oder sogar gemein klingen. Aber bleiben wir beim echten, beim wahren und positiven Lachen, jenem, das gesund ist und auch gesund macht.

Eine Minute lang zu lachen, ist genau so erfrischend wie 45 Minuten Entspannungstraining! So ganz nebenbei ist es auch ein gutes Körpertraining. Denn 20 Sekunden lang zu lachen, entspricht in etwa drei Minuten intensivem Rudern! Hast du das gewusst?

Das heißt: Nach einem ausführlichen Lachkrampf bist du also nicht nur zufriedener, sondern auch noch topfit. Ein Grund mehr, den Punkt „Lachen" auf die tägliche To-Do-Liste zu setzen!

Mit Lach-Yoga neue Heiterkeits-Universen entdecken

„Wir lachen nicht, weil wir glücklich sind, wir sind glücklich, weil wir lachen", meinte Madan Kataria. Er hat Lach-Yoga, eine Kombination aus Dehn- und Atemübungen, weltweit berühmt gemacht. Entstanden ist das Lach-Yoga 1995 in Indien. Inzwischen gibt es über 5000 Clubs weltweit.

Humor brauchst du dafür grundsätzlich nicht. Denn nach Katarias´ Theorie ist es völlig egal, warum du lachst. Hauptsache, du tust es. Ein direkter Blickkontakt und die Magie der Gruppendynamik können dir dabei helfen, ins Lachen zu kommen und in diesem Zustand zu verweilen. Und weil man nicht gleichzeitig denken und lachen kann, wirken sich die Yoga-Übungen dieser besonderen Art natürlich auch auf den Geist aus. Es macht den Lachenden glücklicher, kreativer und spontaner.

Es ist also höchste Zeit, sich einmal wieder so richtig kaputt zu lachen und dabei zu wissen, parallel etwas für die Gesundheit getan zu haben. Da richtig witzige Situationen nicht immer dann auftreten, wenn wir sie gerade wollen oder brauchen, lach doch einfach mal los! Ja, jetzt und sofort, spontan und ohne Grund. Probiere es aus. Du wirst eine verblüffende Tatsache feststellen: Lachen ist tatsächlich mega ansteckend. Auch das eigene!

Lache! Und zwar jeden Tag.

Bunte Herzen

Es war einmal ein kleines Mädchen, das schwer krank war. Es wusste, dass es sehr bald sterben würde, und davor hatte es große Angst. Ihr Großvater setzte sich zu dem Mädchen auf das Bett und fragte: „Weißt du eigentlich, was mit den Herzen der Verstorbenen geschieht?"
Das Mädchen schüttelte den Kopf.
„Sie lernen fliegen!", sagte der Großvater.
„Ehrlich?"
„Ja, sie lernen fliegen und sie tanzen dann, bunt wie sie sind, lustig in der Luft wie Ballons."
„Das möchte ich so gerne glauben.", sagte das Mädchen, doch der Großvater spürte, dass sie das nur für ein Märchen hielt. Einige Tage später ging es dem Mädchen schon sehr schlecht. Der Großvater nahm es auf den Arm und trug es zum Fenster. „Schau!", sagte er.

Und vor dem Fenster jonglierte ein Mann mit bunten Herzen. Sie flogen hoch und immer höher in die Luft, bunt und lustig anzusehen. „Deines wird das Schönste sein", flüsterte er dem Mädchen ins Ohr und das Mädchen lachte.

Von Tania Konnerth

Selbstführungsimpulse unplugged: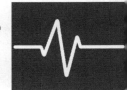

Wann hast du zuletzt aus ganzem Herzen gelacht?

So richtig alles vergessend und dich der Heiterkeit des Moments völlig hingebend? Oder, sollte das nicht der Fall gewesen sein, wann hast du das letzte Mal zumindest zufrieden gelächelt?

Wenn du dich daran nicht mehr erinnern kannst, lohnt es sich, zu überlegen, wo in deinem Leben eventuell bestimmte „Heiterkeitsbremsen" zu straff angezogen sind oder aber welche Menschen dich umgeben, die durch ihre pure Präsenz dein Lachen und Lächeln bereits im Keim ersticken.

Denn du solltest nichts und niemandem die Kontrolle über dein Lachen überlassen!

04

Wer sich erfolgreich selbst führen will, sollte Dankbarkeit als seinen ständigen Wegbegleiter etablieren.

Dankbarkeit – die „magisch-machtvolle" Zutat im Leben

Hast du dich in letzter Zeit in deinem Leben und deinem professionellen Alltag genauer umgesehen und dabei vor allem auf die positiven Dinge und Ereignisse geachtet, die dich umgeben? Oder hast du deinen Fokus auf das Inkomplette, Unerreichte und Negative gelegt? Dabei sind jeden Tag sehr, sehr viele Momente zu entdecken, die uns glücklich machen könnten und für die wir dankbar sein sollten! Aber, sind wir es auch?

Es ist eine erwiesene Tatsache. Obwohl annähernd 90 % aller Bereiche in ihrem Business oder Alltag fantastisch laufen, konzentrieren sich viele Menschen ausschließlich auf jene 10 % der Facetten des Lebens, die noch nicht ganz ihren Vorstellungen entsprechen. Das ist keine wirklich positive und erfüllende Strategie.

Es scheint, dass wir nach einer inneren, hohen Messlatte leben und nur bei deren Erreichen dankbar und zufrieden sind, nämlich dann, wenn exakt 100 % in allen Bereichen unseres Lebens perfekt funktionieren. Nur dann dürfen wir scheinbar glücklich sein, uns entspannen und uns vor allem etwas gönnen. Im Grunde fatal, denn es ist eine pure Illusion, der wir erliegen – diesen super optimalen rosaroten Zustand gibt es nicht! Trotzdem jagen wir ihm atemlos hinterher. Und das ist wohl auch der Grund, warum wir so viel Stress und Burnouts in unserem Leben und unserem Umfeld erfahren.

Dankbarkeit macht glücklich UND gesund

Auch in der modernen Wissenschaft ist eine dankbare Haltung als wirkungsintensive Lebenseinstellung längst angekommen. Zahlreiche empirische Untersuchungen beschäftigen sich mit der Frage, ob und wie Dankbarkeit auf unser Leben insgesamt und auf die Gesundheit und unser Wohlbefinden im Besonderen wirkt. Eindeutig, sie wirkt – und zwar auf unsere Physis genauso wie auf unsere Psyche. Dankbarkeit als Grundhaltung hat zahlreiche Auswirkungen auf Gehirn, Gesundheit und Lebenszufriedenheit.

Es war ein simples Experiment, das Robert Emmons und Michael McCullough 2013 durchführten: Sie teilten ihre Probanden in zwei Gruppen ein:

- Die einen ließen sie ein paar Minuten darüber nachsinnen, wofür sie in ihrem Leben dankbar waren.
- Die anderen sollten einfach an irgendetwas denken.

Diese kurzen Reflexionsübungen wiederholten die Forscher jede Woche, ganze zehn Wochen lang. Das Ergebnis des Versuchs überraschte selbst die erfahrenen Wissenschaftler: Im Vergleich zur Kontrollgruppe zeigten die Dankbaren über den gesamten Zeitraum des Experiments

- mehr Motivation
- mehr Optimismus
- selbst ihre Gesundheitswerte und die Immunabwehr verbesserten sich

Kurz: Diese regelmäßigen, dankbaren Gedanken machten die Probanden glücklicher und gesünder gleichzeitig!

Karrierekiller Undank

Ja, es gibt sie. Jene Menschen, die sich ständig über zu viel Arbeit und zu wenig Gehalt beschweren. Sehr oft behaupten sie, dass sie ja so viel zufriedener wären, wenn sie nur mehr Geld hätten. Für sie ist das Gras nebenan immer grüner, der Himmel anderswo blauer und das Auto des Nachbarn sowieso viel begehrlicher. Solltest du solche Tendenzen in dir entdecken: Derlei Undank kann gefährlich sein! Mehr noch: Er kann zum wahren Karrierekiller mutieren. Damit ist nicht das fehlende „Dankeschön" gemeint, wenn der Kollege einen Kaffee ausgibt oder die Tür aufhält. Beim gelebten Undank geht es um eine mangelnde Erkenntlichkeit, die sich entweder in Form fehlender Dankbarkeit für geleistete Unterstützung oder generelle Vergesslichkeit von erfahrenen positiven Taten durch andere äußert.

Fehlende Dankbarkeit ist weit verbreitet und ein richtiger Klassiker. Jeder von uns ist immer wieder mal auf die Hilfe anderer angewiesen, wenn wir nützliche Informationen benötigen, die unser Weiterkommen beschleunigen und unsere Karriere ankurbeln. Eventuell warnt dich ein solcher Mentor auch einmal vor potentiellen karriereschädigen Situationen oder steht dir bei deinen wichtigsten Entscheidungen zur Seite. Auf diese Weise unterstützt zu werden, ist ein Grund für nachhaltige Dankbarkeit! Viele Menschen nehmen alle diese Vorteile einfach als ihnen sowieso zustehend an und gehen zur Tagesordnung über. Nichts könnte verkehrter sein. Denn, je mehr Mentoren du hast, desto vielversprechender ist dies für dein weiteres Fortkommen. Ein funktionierendes und wechselseitiges Beziehungsnetz wirkt wie ein Karriereturbo.

Verscherzt du es dir jedoch mit deinen Kontakten, Mentoren und generellen Wohltätern aufgrund von fehlender Dankbarkeit, kann sich dies dramatisch auf deine Karriere auswirken. Das geht ganz leicht und vor allem schnell: einfach sich egoistisch alle Erfolge ans eigene Revers heften und total verschweigen, dass daran auch noch andere Personen beteiligt waren. Wer so undankbar und ohne Wertschätzung behandelt wird, ist als zukünftiger Unterstützer für immer verloren!

Vergesslichkeit wiegt sogar noch schwerer! Kein Mensch erwartet eine sofortige Gegenleistung für einen erwiesenen Gefallen. Jedoch, irgendwann sollte schon eine entsprechende Dankesgeste erfolgen. Wer das total vergisst und verdrängt, der betreibt Selbstsabotage erster Güte. Undank ist kein Kavaliersdelikt, sondern der grobe Verstoß gegen ein altes „Gesetz": Eine Hand wäscht die andere! Wenn du das vergisst, wird es bald keine hilfreichen Hände mehr geben, die sich dir entgegenstrecken – und du könntest auf deinem weiteren Weg eher einsam dahinwandeln.

Den Dankbarkeitsmuskel trainieren

Schon die Freude über die kleinen Dinge des Lebens führt nachweislich zu mehr Glück. Wer eine dankbare Haltung in seinem Leben als fixen Faktor etabliert, der gibt sich auch Zeit zum Innehalten, zur geistigen Rast und Besinnung. Ohne diese Dankbarkeit entsteht nämlich eine Betrachtungsweise aus dem Blickwinkel des Mangels: Das Leben besteht dann vermeintlich vor allem aus Lücken, aus Fehlendem und aus sinnloser Leere. Wer sich und seine Umwelt so wahrnimmt, kann nur unzufrieden, neidisch und unglücklich sein.

Mit der Dankbarkeit verhält es sich wie mit deinen Muskeln: Werden sie nicht regelmäßig trainiert, erschlaffen sie und stehen nicht mehr so kraftvoll zur Verfügung. Wir Menschen neigen leider dazu, das, was wir schon haben, kaum noch wertzuschätzen. Wir werden sprichwörtlich blind für vorhandenen Reichtum, existierende Fülle und alle sonstigen guten und positiven Gaben und Vorkommnisse in unserem Leben. Umso wichtiger ist es, sich immer wieder bewusst zu machen, wofür wir dankbar sein können und sollten. Denn dabei verändern wir uns auch.

Das alles ändert sich, wenn wir dankbar sind:

- Wir wertschätzen unser Leben wieder mehr.
- Wir werden selbstbewusster.
- Wir strahlen mehr Zufriedenheit aus und wirken anziehender auf andere.
- Wir können Versuchungen besser widerstehen, weil wir weniger brauchen.
- Wir reagieren auf Veränderungen mit weniger Stress.
- Wir haben weniger Ängste.
- Wir erkennen mehr Chancen und Möglichkeiten.

- Wir werden gelassener gegenüber Krisen und können diese schneller bewältigen.
- Wir stärken unser Wohlbefinden und Selbstwertgefühl.

Wenn du diese Prinzipien praktizierst, ebnest du den Weg für ein erfülltes, gesundes und erfolgreiches Leben. Du tust gleichzeitig auch deiner mentalen Gesundheit damit einen riesigen Gefallen – und deinen Mitmenschen sowieso!

Dankbarkeit macht frei!

Das kleine Danke

Das kleine Danke war aus der großen Wortkiste herausgefallen. Es war schon reichlich alt und aus der Mode gekommen. Nun irrte es umher und wusste gar nicht so recht, wohin es gehen sollte. Sollte es rechts gehen zu der alten Frau, die auf ihre Pflegerin wartete, die ihr bei ihren Besuchen immer so leckeren Kuchen mitbrachte. Dafür wollte es sich doch so gern bedanken. Oder sollte es links gehen zu der jungen Frau mit dem Kinderwagen, die gerade über die Straße gehen wollte und dem Autofahrer, der sein Auto angehalten hatte, freundlich zulächelte. Es konnte aber auch geradeaus gehen zu dem kleinen Jungen, dem der Fußball über den Zaun gekickt war und der sich darüber freute, dass der Nachbar ihn zurückwarf.

So ging das Danke einfach los in die Welt hinaus und erreichte hier und dort die Menschen. Wenn es müde vom Wandern war, suchte es sich einen Menschen aus und kroch in dessen kleines Wortkästchen. Mal war es bei einem jungen Mann, mal einem Opa, dann bei einer netten Dame oder einem kleinen Jungen, einem freundlichen Mädchen und einer Oma. Alle freuten sich über den Zuwachs in ihrem Wortkästchen. Je öfters sie sich das kleine Danke ansahen und es bewunderten, umso mehr verdoppelte es sich und wurde präsenter und präsenter. Da konnten die Leute ganz oft ein Danke weitergeben und viele „Danke-Geschwister" zogen in die Welt hinaus.

So kam das kleine Danke ganz um die Erde herum. Alle Leute, denen es begegnete, freuten sich darüber und reichten es an einen Freund, den Nachbarn, den Bruder, den Vater, den Briefträger, den Taxifahrer, die Verkäuferin, an die Friseurin, die Lehrerin, die Zeitungsfrau, den Krankenpfleger und die Doktorin weiter. Sie sahen ihm hinterher, wie es von Mensch zu Mensch rund um die Erde wanderte und allen Freude bereitete, denen, die es weitergaben und denen, die es erhielten.

Manchmal verschlief das Danke den Tag in irgendeinem kleinen Wortkästchen, aber seine vielen, vielen Geschwister waren hellwach und übernahmen es, die Menschen zu erfreuen und zum Lächeln zu bringen. Daran merkt das kleine Danke regelmäßig, dass es gar nicht so altmodisch ist und die Menschen immer noch Interesse an ihm haben.

Ob es schon in deiner Stadt war und bei dir eingezogen ist, wirst du in deinem kleinen Wortkästchen feststellen können. Schaue es dann oft an und verteile es gut überlegt, aber ohne Geiz. Ich schicke dir mein kleines Danke, dass du meine Geschichte gelesen und zur Kenntnis genommen hast.

Von Angelike Stockinger-Sürth

Selbstführungsimpulse unplugged: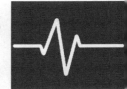

Danke. Ein kleines Wort mit großer Wirkung. Bist du dir der Macht eines aus dem Herzen kommenden Dankes ausreichend bewusst?

Verteilst du wie in der Geschichte deine Dankesmeldungen großzügig, freudvoll und vor allem regelmäßig? Wenn ja, bemerkst du vermutlich schon seit längerer Zeit positive Änderungen in deinem Leben, die Menschen sind dir wohlgesonnen und haben dich gerne um sich. Projekte fügen sich immer öfter so, wie du es dir vorstellst, und eine spielerische Leichtigkeit trägt dich von Erfolg zu Erfolg.

Oder gehörst du zur Spezies der „Dankesmuffel", die oft nehmen, aber nie geben? Nicht einmal ein Danke? Denkst du vielleicht unterschwellig, dass dir alles, was du im Leben bekommst, sowieso automatisch zusteht und Dankbarkeit deswegen gar nicht angebracht ist? Sollte das der Fall sein, ist es an der Zeit, den gedanklichen Stecker zu ziehen und darüber nachzudenken, ob dies wirklich ein vielversprechender Erfolgsweg ist.

05

Wer sich erfolgreich selbst führen will, braucht höchste Konzentration auf den gegenwärtigen Moment und dessen Erfordernisse.

Verdammt nochmal - konzentrier dich!

Was hat mein Partner eben gesagt? Warum kann ich mir nie merken, was ich gerade gelesen habe? Was wollte ich als nächste Aufgabe gerade tun? Wo habe ich das Auto nochmals geparkt? Was wollte ich jetzt eigentlich einkaufen? Kennst du solche Fragen aus deinem Alltag? Viele Menschen sind zunehmend unkonzentriert und zerstreut. Unsere Aufmerksamkeit scheint uns mehr und mehr abhanden zu kommen.

Ständig werden wir abgelenkt, springen von einer Aufgabe zur anderen und werden dabei immer unruhiger. Das ist heute schon fast der Normalzustand bei uns allen. Wie kannst du dich vor dieser Unkonzentriertheit schützen und lernen, wieder ganz bei der Sache zu sein?

Der ganz normale tägliche Wahnsinn

Ein ganz normaler Arbeitstag: Das Telefon klingelt, du gehst ran. Gleichzeitig hast du E-Mails im Blick und beantwortest sie womöglich noch während des Gesprächs. Vibriert dann auch noch das Smartphone in deiner Tasche, schweifen deine Gedanken weiter ab und du nützt die nächste Gelegenheit, um auch hier die neuesten Informationen abzurufen. Es könnte ja wichtig sein! Unser Gehirn läuft auf Hochtouren, während wir ständig versuchen, möglichst viele Dinge parallel zu erledigen. Dabei ist es für dieses permanente „Multitasking" gar nicht gemacht. Bei dem Versuch, unterschiedliche Aufgaben gleichzeitig zu erledigen, sinkt die Leistungsfähigkeit. Besonders negativ wirken sich häufige Unterbrechungen auf unsere Konzentration aus.

Ist es denn wirklich notwendig, alles gleichzeitig zu erledigen? Bringt es dich schneller voran? Nein, sagen Hirnforscher und empfehlen eine ruhige Arbeitsatmosphäre und die Konzentration auf einzelne Aufgaben.

Online versus Offline – eine bewusste Wahl?

Unterliegst du auch der eitlen Illusion, für eine gewisse Zeit nicht erreichbar zu sein, würde den Untergang des Abendlandes einleiten oder dich gar sozial isolieren? Ein Trugschluss, der sich regelmäßig zur Urlaubszeit in sich selber auflöst. Nicht wenige stellen nach ihrer Rückkehr verblüfft fest: Egal, wie lange sie weg und unerreichbar waren – die Firma hat überlebt, die Freunde sind noch da, und auch die Welt blieb nicht stehen, nur weil du die sozialen Medien eine Weile nicht bedient hast und auch anderweitig nicht erreichbar warst.

So wie es das Böse geben muss, damit sich das Gute manifestieren kann, braucht es in unserer hoch vernetzten Welt ab und zu auch ein Offline, damit das Online weiterhin Nutzen schaffen kann. Und auch, damit wir die wichtige Fähigkeit behalten, uns auf etwas voll und ganz konzentrieren zu können. Eine zeitweilige (Social) Media Abstinenz, ohne sich wie der sprichwörtliche Geier auf jede eingehende E-Mail zu stürzen oder hektisch und sensationsfreudig Facebook, Instagram & Co zu durchforsten, beruhigt den Geist und verhindert permanente Ablenkung.

Ablenkungen keine Chance geben

Klar, du wirst Unterbrechungen nie ganz aus Deinem Arbeitsalltag verbannen können – auch nicht mit den besten Konzentrationsübungen und der stärksten Willenskraft. Während deiner Arbeitszeit wird von dir in der Regel verlangt, ständig erreichbar zu sein. Für deinen Workflow im Sinne von konstanter Selbstführung ist das eher hinderlich. Aber jeder kann lernen, besser mit Störungen umzugehen und die Konzentration zu bewahren. Es ist, wie fast alles im Leben, eine reine Frage des Trainings und der Gewohnheit.

Spiele dazu doch einmal einen besonders stressigen Arbeitstag in Gedanken noch einmal durch. Wodurch wurdest du bei der Arbeit unterbrochen? Wie häufig? Was hat dir am meisten zu schaffen gemacht? Waren es die Anrufe von Kunden oder die Kollegen, die dich ständig unterbrechen? Sind es neue E-Mails, deren Eintreffen in hektischen Aktionismus versetzt? Schau dir im Detail an, was deine heftigsten Störfaktoren sind. Denn kannst du erst einmal präzise benennen, was dir deine Konzentration raubt, wirst du dich viel leichter davor schützen können.

Konzentrationsfalle Büro?

Besonders im Job ist hohe Konzentration gefragt. Aber gerade da rotten sich die Störenfriede in Legionen zusammen. Es beginnt schon damit, dass der Schreibtisch und der Sessel oft nicht auf jener Höhe justiert sind, die für den Körper optimal wäre. Achte an deinem Arbeitsplatz darauf! Sonnenlicht verbessert die Stimmung und damit auch die Konzentration. Bekommt man zu wenig davon, sollte der Arbeitsplatz zumindest gut ausgeleuchtet sein. 500 Lux sind dabei ideal.

In Großraumbüros ist der Stresspegel oft so hoch, dass er sogar zu Depressionen führen kann. Dagegen gibt es Raumteiler oder spezielle Büromöbel, die alle Geräusche fast verschlucken. Wenn das nichts nützt, ist es hilfreich, im Team ein paar klare Regeln aufzustellen, wie zum Beispiel fixe Telefonzeiten und einen generellen Verhaltenskodex. Davon profitieren alle Mitarbeiter. Deine Konzentration wird es dir danken, indem sie dein Gehirn voll und ganz bei der Sache hält. Du wirst dich nicht so schnell müde und erschöpft fühlen, weil du ja gedanklich weniger galoppierst, wirst bessere Resultate liefern und ein generelles Gefühl von höherer Gelassenheit verspüren. Sollte die Konzentration noch immer zu wünschen übriglassen, dann hilft Meditation. Doch, das geht auch im Büro, indem du einfach ein paar Minuten nichts tust – und nichts sagst. Finde einen Punkt im Raum und konzentriere dich nur darauf, ohne an etwas Konkretes zu denken. Das wirkt wie Meditation!

Ist der Stresspegel besonders stark, kannst du dir mit Akupressur helfen. Massiere dazu mit Daumen und Zeigefinger deine Ohrläppchen und ziehe dann mehrmals daran. Das kann auch gleich dein individueller Weg werden, dir selbst die Ohren lang zu ziehen und dir immer wieder zu sagen: „Verdammt nochmal, konzentrier dich!"

Konzentration bringt Klarheit!

Die Macht der Konzentration

Ein in der Meditation erfahrener Mann wurde einmal gefragt, warum er trotz seiner vielen Beschäftigungen immer so gesammelt und konzentriert sein könne.

Da sagte er:
„Wenn ich sitze, dann sitze ich.
Wenn ich stehe, dann stehe ich.
Wenn ich gehe, dann gehe ich.
Wenn ich esse, dann esse ich.
Wenn ich spreche, dann spreche ich ..."

Da fielen ihm die Fragesteller ins Wort und sagten: „Das tun wir doch auch. Aber was machst du denn darüber hinaus?"

Er sagte wiederum:
„Wenn ich sitze, dann sitze ich.
Wenn ich stehe, dann stehe ich.
Wenn ich gehe, dann gehe ich.
Wenn ich esse, dann esse ich.

Wenn ich spreche, dann spreche ich ..."

Und wieder sagten die Leute: „Das tun wir doch auch!"

*Er aber sagte zu ihnen:
„Nein!
Wenn ihr sitzt, dann steht ihr schon.
Wenn ihr steht, dann geht ihr schon,
und wenn ihr läuft, dann glaubt ihr schon
am Ziel zu sein..."*

Quelle unbekannt

Selbstführungsimpulse unplugged: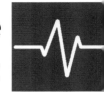

Kannst du dich konzentrieren?

Oder gehörst du zu jenen gedanklichen Springern, die wie rastlose Äffchen auf dem Baum von einer Aufgabe zur anderen hüpfen und im gleichen Tempo wieder zurück sausen? Die in atemlosem Aktionismus vor sich hin fuhrwerken, aber im Grunde nichts weiterbringen? Falls das der Fall ist, wie fühlst du dich dabei? Vermutlich gehetzt, unzufrieden und sehr rasch sehr müde. Das muss nicht sein!

Nutze die Kraft des gegenwärtigen Moments und vertiefe dich gelassen in immer nur eine Aufgabe, an der du konsequent dranbleibst, bis sie vollständig erledigt ist. Das ist zu Anfang ungewohnt und dein hektisches Springen wird dir eventuell fehlen. Aber dieses Gefühl gibt sich und wird bald einer inneren Zufriedenheit Platz machen, die du bisher wahrscheinlich nicht gekannt hast, die aber von nun an ein Teil von dir und deiner erfolgreichen Selbstführung sein darf.

06

Wer sich erfolgreich selbst führen will, darf erkennen, wann Aktivität und Achtsamkeit einander abwechseln müssen.

Aktivität versus Achtsamkeit – oder doch beides?

Kennst du das? Dein Körper verweilt in der von dir gewählten Ruheposition. Dein umtriebiger Geist hingegen bricht ständig aus und ist einfach nicht zu bändigen. Unser Geist braucht nun einmal ständige Abwechslung, er will immer etwas erleben. Er sucht den Kick, denn dieser ist für ihn Gegenwart. Unser Geist hat es verlernt, achtsam zu sein. Damit braucht man ihm gar nicht erst zu kommen. Etwas Langweiligeres kann er sich nicht vorstellen, jegliche Inaktivität langweilt und lähmt ihn außerordentlich. Dabei ist ein meditativer Seinszustand so unendlich wichtig für uns. Er ist wie ein Niemandsland in der Zeit, ein Stück Freiheit. Ein Moment, in dem nichts verlangt wird. Wo niemand stört, anruft oder sonst etwas will. Wo Ängste und Sorgen keinen Platz haben. Wo das eigene Tempo heruntergeschraubt wird, bis man wieder bei sich ist.

Achtsamkeit – was ist das?

Unsere Gesellschaft hat die Bedeutung des Wortes Achtsamkeit fast schon vergessen. In unserem täglichen Sprachgebrauch findet dieser Begriff nicht so oft Platz.

Für Achtsamkeit müssen wir uns ja auch ganz bewusst entscheiden! Achtsamkeit ist die Bereitschaft, etwas auf eine bestimmte Weise zu fühlen, zu sehen oder sich auf eine bestimmte Weise zu verhalten. Dieser Zustand klingt so einfach und trotzdem ist es so schwer, ihn zu erreichen. Dinge auch einmal so zu belassen, wie sie sind. Damit zwar in Kontakt zu bleiben, aber nichts verändern zu wollen – nur einfach da zu sein. Einmal nichts wollen, nur wahrnehmen. Scheint das nicht ein Ding der Unmöglichkeit zu sein für deinen hyperaktiven Geist, der ständig auf Achse ist? Der entweder in die Zukunft reist oder zurück in die Vergangenheit rast? Und dabei über die Gegenwart hinweghüpft, als wäre sie Luft. Die Gegenwart interessiert unseren stets agilen Geist absolut und überhaupt nicht. Das ist fatal, denn genau dort spielt sich unser Leben ab!

Leben in funktionierender Anspannung

Im engen Kontakt bleiben mit dem, was gerade ist, ist das eine Herausforderung für dich? Tausende Gedanken drängen sich vor und nehmen Aufstellung. Alle wollen an die Reihe kommen und im Rampenlicht stehen. Schaffst du doch einmal einen Moment der Ruhe, wird er gleich wieder vollgestopft mit Überlegungen, Erlebnissen oder mit der Planung neuer Aktivitäten. Das Leben zischt an uns vorbei, und wir funktionieren. Wir tun ständig etwas, aber wir spüren uns nicht, haben keine wirklich intensiven Gefühle mehr; und wenn der Tag vorbei ist, wissen wir gar nicht, was wir erlebt haben. Trotzdem sind wir ständig angespannt.

Achtsam sein – auch wieder ein Leistungsanliegen?

Unser Alltag widerspricht dem Prinzip der Achtsamkeit – denn es herrscht ständig Widerstand. Zu den Dingen, die unseren Tag schon zur Genüge füllen, kommt andauernd Neues hinzu. Dadurch geht die Achtsamkeit in deinem Alltag völlig unter – so schnell kannst Du gar nicht gegensteuern. Es braucht hier kraftvolle Erinnerungsstützen, um sich selber immer wieder auszutricksen – zumindest am Anfang dieser Achtsam-Werdung. Hier lauert dann jedoch bereits die nächste Falle. Wir wollen auch aus der Achtsamkeit sofort wieder ein Leistungsanliegen machen und so ideal und perfekt achtsam sein wie nur möglich.

Achtsamkeit ist einfach

Nichts davon ist im Grunde notwendig. Von den Überlegungen, wie viele Einheiten Achtsamkeit du an einem Tag noch unterbringen kannst, verabschiedest du dich am besten gleich zu Beginn deiner Achtsamkeitsreise. Die eigene Achtsamkeit zu erwecken und zu leben, ist ganz sicher kein Leistungssport. Wenn du daraus etwas machen willst, was Druck auf deine Psyche und Stress auf den Körper ausübt, bist du vom Weg der Achtsamkeit total abgekommen. Wahre Achtsamkeit ist sehr einfach zu leben. Weil Achtsamkeit eben in sich schlicht ist.

Sei allzeit achtsam, klar und wahr!

Zwei Mönche

Zwei Mönche, der eine bejahrt, der andere noch ganz jung, wanderten im Regenwald einen schlammigen Pfad entlang. Sie waren auf dem Heimweg zu ihrem Kloster. Da begegneten sie einer schönen Frau, die hilflos am Ufer eines reißenden Flusses stand. Der alte Mönch, der die Not der Frau erkannte, hob sie auf seine starken Arme und trug sie hinüber.
Sie lächelte und schlang ihre Arme um seinen Hals, bis er sie am anderen Ufer absetzte. Mit einer anmutigen Bewegung dankte sie ihm, und die Mönche setzten schweigend ihren Weg fort. Nicht weit von der Klosterpforte entfernt konnte der junge Mönch nicht mehr an sich halten: „Wie kannst du nur eine schöne Frau in die Arme nehmen?
So etwas ziemt sich nicht für einen Mönch!"

*Der alte Mönch sah seinen Gefährten an und sagte:
„Ich habe sie dort zurückgelassen, du trägst sie immer noch!"*

Quelle unbekannt

Selbstführungsimpulse unplugged: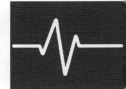

Läufst du so nebenbei durch deinen Alltag?

Mit den Gedanken immer schon beim kommenden Termin, der nächsten Aufgabe? Hörst du deinen Mitmenschen niemals richtig zu, weil du geistig ganz weit weg bist?

Oder befindest du dich bereits auf dem Weg der Achtsamkeit? Hast du dir die Zeit genommen, darüber nachzudenken, wie du erhöhte Achtsamkeit in dein Leben einführen könntest? Oder darüber, was der Begriff Achtsamkeit speziell und persönlich für dich bedeutet? Nicht nur zum Ausprobieren, einige Tage lang, sondern als vollkommen integrierte Lebensphilosophie. Probiere es aus. Vorsicht, Achtsamkeit kann süchtig machen!

07

Wer sich erfolgreich selbst führen will, sollte sich mit der Thematik Narzissmus näher auseinandersetzen.

Narzissten – die neuen „Aussätzigen" der Gesellschaft?

Egoistische Partner, überhebliche Arbeitskollegen, eitle Medienstars und machtvoll agierende Politiker. Menschen, die ausnahmslos von sich selbst überzeugt sind, begegnen uns ständig. Die Frage, die sich dabei stellt: Sind das einfach nur extrem von sich selbst eingenommene Zeitgenossen oder handelt es sich bereits um narzisstisch ausgeprägte Persönlichkeiten? Eines ist klar: Narzisstische Menschen sind kompliziert und anstrengend. Nur an sich selbst interessiert, haben sie wenig Aufmerksamkeit für andere. Am besten, man geht ihnen aus dem Weg. Doch, das ist gar nicht so einfach.

Warum existieren immer mehr schwierige und narzisstische Menschen? Ist diese Selbstverliebtheit normal oder ist sie krankhaft? Wie erkennen wir den Unterschied? Und vor allem, wie vermeiden wir es, selber in hohe narzisstische Tendenzen abzugleiten?

Ich bin der Held – ich brauche dich nicht!

Narzissten machen es sich einfach. Ihr Interesse an anderen ist begrenzt, sie brauchen ihre Mitmenschen bloß als Bewunderer und Jasager. Leider fällt diese bedauerliche Attitüde nicht immer sofort auf. Denn auf den ersten Blick sind diese selbstbezogenen Menschen sehr charmant. Sie ziehen die allgemeine Aufmerksamkeit auf sich und können eine Gesellschaft blendend unterhalten. Sie wirken witzig, klug und verführerisch.

Lernt man sie erst besser kennen, verblasst dieses positive Bild sehr schnell. Jetzt merkt man, dass sie, die man anfangs so faszinierend fand, nur und ausschließlich von sich selbst reden, mit ihren Erfolgen und Heldentaten prahlen und süchtig sind nach Aufmerksamkeit und Bestätigung. Überzeugt von der eigenen Größe und Überlegenheit idealisieren sie alles, was sie selber tun und leisten. Sie erwarten ausschließlich positive Resonanz, selbst auf die kleinste Kritik reagieren sie mit unverhältnismäßigen Ausbrüchen oder beleidigtem Rückzug.

Wer es wagt, einen Narzissten zu kritisieren, macht sich oft der „Majestätsbeleidigung" schuldig und riskiert, aus dessen Aufmerksamkeitsradius für immer ausgeschlossen zu werden. Ganz nach dem Motto: „Du bist mir gleichgültig – ich brauche dich nicht!"

Narzissten – die neuen „Aussätzigen" der Gesellschaft?

Finger weg von Narzissten! Beziehungen mit Narzissten – welcher Art auch immer – sind von Anfang an mit hoher Wahrscheinlichkeit zum Scheitern verurteilt. Deshalb ist es ratsam, einen narzisstischen Menschen gar nicht als Partner oder Partnerin in Erwägung zu ziehen. Denn sie fügen anderen viel Schmerz zu, binden sich nur oberflächlich und sind in der Regel unbelehrbar. Das gilt für private wie berufliche Beziehungen! Zu einer intakten Selbstführung gehört es auch, sich vor solchen zerstörerischen Energien so gut wie möglich zu schützen.

Sind Narzissten also die neuen „Aussätzigen" unserer Gesellschaft? Schwer gestört und eine Plage für ihre Mitmenschen? Wie jedes andere menschliche Verhalten hat auch der Narzissmus seine oft tief liegenden Ursachen. Diese sollten wir kennen, ehe wir den Stock über narzisstische Menschen brechen. Denn erst mit diesem Wissen können wir Verständnis für sie aufbringen – und Verständnis ist die Voraussetzung, um überhaupt mit ihnen leben zu können.

Narzissten – in der Wirtschaft durchaus gefragt

Der Narzissmus scheint inzwischen längst nicht mehr nur ein individuelles Problem zu sein, das ausschließlich durch negative Kindheitserfahrungen entsteht. Zunehmend werden Stimmen laut, welche die Rolle gesellschaftlicher Entwicklungen bei der Entstehung narzisstischer Persönlichkeitseigenschaften betonen. Viele meinen sogar, dass in unserer Zeit ein narzisstisches Verhalten fast unvermeidlich ist.

Denn der typische Narzisst – selbstbezogen und rücksichtslos – erfüllt vorzüglich genau jene Bedingungen, die in der Wirtschaft gefragt sind. Und damit hat er alle Chancen, eine exzellente Karriere zu machen. Das mag der Grund dafür sein, dass Narzissmus nach Ansicht von Experten in unserer Gesellschaft bereits epidemische Ausmaße angenommen hat.

Gibt es einen Ausweg? Kann diese Narzissmus-Epidemie gestoppt werden? Gesellschaftlich gesehen könnte paradoxerweise gerade der momentan herrschende neoliberale Wirtschaftskrieg einen Wendepunkt eingeleitet haben.

Vielleicht besinnen sich die Menschen dadurch wieder auf die wahren Werte einer Gesellschaft, wie den sozialen Zusammenhalt, und werden bescheidener. Und vor allem auf Bescheidenheit käme es an, denn sie ist das genaue Gegenteil von Narzissmus.

Wer bescheiden ist, sieht sich selbst realistischer, kann seine Stärken und Schwächen einschätzen und begegnet anderen mit echtem Interesse. Wenn wir nicht ausschließlich damit beschäftigt sind, unser Ego überdimensional aufzublasen, ist es leichter, sich anderen Menschen zuzuwenden.

Narzissten sind einsam!

Die langen Löffel

Eine Frau starb und kam sofort in den Himmel. Dort wurde sie durch Gänge in einen riesigen Saal geführt, in dem sich viele Menschen befanden. Auf ausladenden Tischen standen riesige Gefäße mit herrlich dampfender Suppe.

Sie wurde auf einen der Stühle gesetzt und betrachtete das rege Treiben. Plötzlich spürte sie, dass ihr lange hölzerne Löffel an die Arme geschnallt wurden. Sie stand auf, um wie die anderen von der herrlichen Suppe zu essen. Als sie sich der Tafel mit den irdenen Gefäßen näherte, bemerkte sie, dass ein jeder versuchte, mit seinen langen Löffeln etwas von der Suppe zu erhaschen. Die Menschen fuhren in die Töpfe mit der Suppe. Da aber die angeschnallten Löffel so lang waren, verschütteten sie sie und mühten sich vergeblich.
Sie stritten und zankten, Chaos herrschte und Durcheinander.

Nach einer Zeit wurden ihr die Löffel wieder abgeschnallt, und sie wurde in einen anderen Saal geführt, der ebenso groß war, ebensolche ausladenden Tische barg, mit ebensolchen riesigen Gefäßen, aus denen die herrliche Suppe dampfte. Auch in diesem Saal waren viele Menschen. Wieder wurde sie hingesetzt. Nicht lange, da schnallte man ihr neuerlich jene langen Löffel an. Wieder zog es sie zur Tafel mit der Suppe. Zu ihrem Erstaunen herrschte hier eine andere Atmosphäre. Die Suppe wurde nicht vergossen, die Menschen waren nicht hektisch, kein Streit, kein Durcheinander.

Und als sie hinsah, bemerkte sie, dass ein jeder seine langen Löffel in die Suppe eintauchte und den anderen von der Suppe gab. Die Menschen nährten einander und waren zufrieden.

Quelle unbekannt

Selbstführungsimpulse unplugged: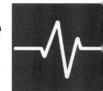

Verbirgst du tief in dir auch ein paar narzisstische Tendenzen?

Nein? Wirklich nicht? Gar kein bisschen? Das kann nicht sein. Wir sind alle leicht narzisstisch geprägt. Ja, du auch. Wer nicht mit einigen narzisstischen Grundmustern unterwegs ist, der würde keinerlei Ehrgeiz entwickeln, seine Projekte niemals abschließen, der könnte keine Ziele formulieren und würde einfach nur in den Tag hineinleben.

Eine Grunddosis Narzissmus ist für ein Leben in starker Selbstführung also durchaus angebracht. Du darfst ihn nur nicht übertreiben und ausufern lassen! Wie immer kommt es auch beim Thema Narzissmus auf die Intensität an.

08

Wer sich erfolgreich selbst führen will, könnte es einmal mit leichterem Lebensgepäck versuchen.

Entrümpeln – innen wie außen

Wer glaubt, dass es reicht, seine Schränke zu entrümpeln, damit neuer Schwung ins Leben kommt, der irrt. Denn beim Ausmisten geht es um mehr, als nur um eine neue Ordnung oder einen räumlichen Platzgewinn. Beim Entrümpeln sollten wir uns vielmehr die Frage stellen: „Was gehört heute noch zu meinem Leben?" Es macht absolut Sinn, sich mit den tieferen Ursachen der Lust am hemmungslosen Ansammeln näher zu beschäftigen. Denn, was sich im Äußeren in einem Zuviel an Gegenständen oder einer Enge und Unordnung in den Wohnräumen und Schränken zeigt, hat meist im eigenen – unaufgeräumten – Inneren seinen ursächlichen Ursprung!

Ja sagen zum eigenen Wandel

Regelmäßiges inneres Entrümpeln bedeutet auch, Ja zu sagen zum eigenen Wandel. Es gilt, die innere Veränderung wahrzunehmen und sich mit dem Fluss des Lebens auszusöhnen. Das bedeutet, noch einmal auf die verschiedenen Etappen – die guten wie die weniger erfreulichen – und die Vielfalt des eigenen Lebens zurückzuschauen und alles Erlebte zu würdigen. Anschließend können wir den Blick wieder auf das Hier und Jetzt richten. So wie wir Schränke aus- und umräumen, sollten wir auch unsere Erlebnisse regelmäßig Revue passieren lassen und sie noch einmal evaluieren. Entrümpeln heißt auch, sich über die zahlreichen Erfahrungen in der Vergangenheit zu freuen und darauf zu vertrauen, dass wir im Inneren immer die Summe dieser Erfahrungen sind.

Wir erreichen mit diesem seelischen Entrümpelungsprozess mehr Klarheit und lassen unnotwendiges Gedankengut weg, aber dabei geht nichts von dem Erlernten und Erfahrenen verloren! Das Wesentliche tragen wir immer in uns.

Aufräumen auch in Beziehungen

Dieses Evaluieren gilt ebenso für die Beziehungen zu anderen Menschen. Auch da müssen wir manches Mal aufräumen. Der Begriff „entrümpeln" ist in diesem Zusammenhang wenig charmant, aber im Grunde trifft er zu. Die eigenen Bedürfnisse klar zu kennen, ist in freundschaftlichen und familiären Beziehungen die Grundlage für ein erfülltes Leben. Menschen, die von ihren umfangreichen besitzstarken Ansammlungen fast erdrückt werden, erleben dies auch in ihrem Umfeld so.

Entweder sind sie von Energieräubern umgeben, die ständig etwas von ihnen fordern und deren Präsenz schwer und unaufgeräumt ist. Oder diese Menschen kennen die Bedürfnisse anderer besser als ihre eigenen, geben enorm viel und haben es nie gelernt, ihre eigenen Wünsche durchzusetzen. Langfristig macht diese Lebensform unzufrieden und baut inneren Druck auf. Wer diesen bereits fühlt, sollte sich zielbewusst daran machen, gewisse dominant-fordernde Beziehungen näher anzusehen und ja, diese auch zu entrümpeln.

Das muss keinen vollkommenen Kontaktabbruch bedeuten, sondern kann zu einer neuen Beziehungsqualität führen. Seine Bedürfnisse zu erkennen und anderen gegenüber klar zu formulieren, wirkt wie eine frische Brise im „Schrank" unserer innersten Emotionen und gibt eine neue, köstliche Freiheit im Umgang mit anderen Menschen.

Entrümpeln durch Nein sagen

Ein weiterer wesentlicher Faktor auf unserer Entrümpelungsreise ist die Fähigkeit, in alltäglichen Situationen Prioritäten zu setzen und sich klar und ohne Zaudern zu entscheiden. Für etwas oder gegen etwas. Auch einmal Nein zu sagen, und zwar laut und deutlich, im Inneren wie im Außen. Sagen wir öfters machtvoll Nein, entrümpeln wir automatisch alle unnötigen Zusatzaufgaben, die uns Vorgesetzte oder Partner ständig aufbrummen und die wir sowieso nur mit innerlichem Grummeln erledigen.

Du siehst, dieses Ausmisten – wenn du es intensiv betreibst – betrifft so ziemlich alle Ebenen des Lebens. Das heißt nun nicht, dass du ins andere Extrem verfallen und für niemanden mehr da sein sollst. Sondern du musst dir darüber bewusstwerden, wie wichtig es ist, für das eigene Leben mehr Klarheit und mehr Zeit zu gewinnen.

Du bist mehr als deine Ansammlungen

Menschen, die zum Ansammeln neigen, wollen in den gesammelten Gegenständen oder menschlichen Beziehungen ihre Vergangenheit festhalten. Alles, was jemals wichtig war, wird symbolisch in Form von Fotos, Wohnaccessoires, Kleidungsstücken, Datensammlungen, überfüllten Bücherregalen, unübersichtlichen Adressbüchern oder anderen Erinnerungsstücken konserviert.

Diese Menschen scheinen zu denken: „Ich bin, was ich besitze." Und sehen ihre Identität in der Summe ihrer menschlichen Beziehungen wie der ihrer physischen Schätze. Aber du bist so unendlich viel mehr! Du bist nicht die Summe deiner Geschichten. Du BIST. Wer sich diesem Prozess des Ausmistens auf allen erwähnten Ebenen hingebungsvoll stellt, wird bald merken, wie dieses SEIN das bisherige BESITZEN überstrahlt und sich damit ein völlig neues Lebensgefühl einstellt.

Mach dich leicht und frei!

Der Weg nach innen

Ein Holzbauer führte ein elendes Dasein. Er lebte sehr bescheiden durch den Verkauf von geschlagenem Holz aus dem nahen Wald. Ein Weiser, der aus dem Wald kam, sah ihn bei der Arbeit und riet ihm, weiter in das Innere des Waldes zu gehen. Es würde nicht sein Schaden sein. Der Holzbauer folgte dem Rat und drang tiefer in den Wald, bis er zu einem Sandelbaum kam. Erfreut nahm er so viel er von dem Holz nehmen konnte und verkaufte es mit großem Gewinn auf dem Markt.

*Jetzt dachte er nach, warum der Weise nichts von einem Sandelholz gesagt, sondern nur geraten hatte, tiefer in den Wald hinein zu gehen. So drang er weiter vor, bis er auf eine Kupfermine stieß. Beglückt trug er so viel er nur tragen konnte und verdiente noch mehr damit.
Kommenden Tages blieb er nicht bei der*

Kupfermine stehen, sondern ging weiter und fand eine Silbermine, bekam noch mehr auf dem Markt. Und so drang er jedes Mal tiefer in den Wald, fand eine Gold- und schließlich eine Diamantenmine und gelangte so zu unermesslichem Reichtum.

... und er erinnerte sich daran, dass der Weise, der aus dem Wald kam, nichts bei sich trug.

Sufi Geschichte

Selbstführungsimpulse unplugged: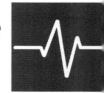

Wie viel an Last schleppst du noch mit dir herum?

Innerlich und äußerlich? Brichst du unter dem Gewicht der dich mit Schwere umgebenden Menschen und Dinge schier zusammen? Bist aber noch nicht bereit, dies zuzugeben und machst tapfer weiter? Wie lange willst du dies tun? Bis du völlig kraftlos bist und nicht mehr aufstehen kannst?

Oder bist du schon dabei, dort zu entrümpeln, wo es in deinem Leben am dringendsten und notwendigsten ist? Wie viele Besitztümer hast du tapfer losgelassen, um freier und leichter voranschreiten zu können? Und vor allem, welche Menschen hast du hinter dir gelassen, weil sie dich belastet und hinuntergezogen haben? Das ist nicht einfach, aber ein enorm wichtiger Schritt auf dem Weg der aktiven Selbstführung zu mehr Klarheit und Wahrheit.

09

Wer sich erfolgreich selbst führen will, darf lernen, auf äußerliche Unruhen mit innerer Gelassenheit zu reagieren.

Innere Ruhe – Kunst oder Kampf

Die Welt – politisch, wirtschaftlich und auch emotional – gerät immer mehr aus den Fugen. Bisher geltende Werte geraten ins Wanken. Der europäische Gedanke zum Beispiel, den wir alle schon so lange leben und der uns wirtschaftliches Wachstum, Sicherheit und ein Gefühl der Gemeinsamkeit gab, gerät in Schieflage. Bisherige Verbündete scheinen sich abzuwenden. Niemand kann sagen, was die nächsten Jahre auf der Weltbühne bringen werden. Das bedeutet generelle Unsicherheit, und diese erzeugt bei vielen Menschen starke Ängste. Was können wir in solchen Momenten tun? In Panik verfallen, den Kopf in den Sand stecken oder gibt es da etwa noch eine dritte Möglichkeit?

Wenn das Kopfkino galoppiert

Wirst du in Zeiten der Unsicherheit auch so phantasievoll im Ausmalen von Katastrophen, die über dich hereinbrechen könnten? Beliebte Gedankenspiele sind ausufernde Emotionen, wie: „Alles scheint wirtschaftlich so unsicher. Werde ich meinen Job behalten?" „Können unsere Kinder studieren?" „Welche Richtung nimmt der Euro oder wird es ihn bald gar nicht mehr geben?" „Kommt vielleicht gar wieder ein Krieg?" – Das Kopfkino schlägt Kapriolen und schafft düstere Szenarien, die den einfallsreichsten Drehbuchautor blass aussehen lassen. Dieser uns überflutende Gedankengalopp ist meist nur schwer einzudämmen.

Wegschauen nützt nichts

Viele reagieren dann mit Angst oder sogar Panik. Andere wiederum gehen nach dem Prinzip vor „Was ich nicht sehe, höre oder lese, das findet nicht statt". Sie entscheiden sich also, schwups, den Kopf in den Sand zu stecken, sich über nichts mehr zu informieren und keine negativen Nachrichten an sich heranzulassen.

Beide Reaktionen sind denkbar ungeeignet und keine positive Herangehensweise. Eine Gefahr, die du mit Augen voll Sand nicht rechtzeitig erkennst, ist erstes eine doppelte Gefahr, und ein solches Vorgehen bringt dich zweitens als Mensch in deiner Entwicklung nicht weiter. Angst oder Panik sind auch keine guten Berater, lähmen sie doch den Gedankenfluss und damit jegliche vernünftige Handlung. Es empfiehlt sich daher, die Panik abzuschütteln, den Kopf aus dem Sand zu ziehen und zu versuchen, in klares und ruhiges Gedankenfahrwasser und damit zu innerer Ruhe zu kommen. Das ist nicht leicht, aber es ist möglich.

Permanenter Schutz durch den Mikrokosmos „Ich"

Es ist möglich, indem wir uns gedanklich aus dem Makrokosmos Wirtschaft und Politik – die wir nicht wirklich beeinflussen können – entfernen und uns auf DEN Mikrokosmos fokussieren, auf den wir tatsächlich Einfluss haben. Nämlich auf uns selber. Was „da draußen" passiert, können wir sowieso nicht ändern. Wir sollen es zur Kenntnis nehmen, das ja. Dann aber ist es an der Zeit, sich darauf zu konzentrieren, was wir ändern können – und das sind unsere Gedanken und Reaktionen. Wir können zulassen, dass diese durch die äußerlichen Unruhen wild tanzen oder wir können sie bewusst eindämmen. Wenn wir es schaffen, ganz bei uns zu bleiben und die Situation neu zu evaluieren, dann werden wir immer wieder feststellen, dass es jetzt gerade in diesem Moment gar keinen unmittelbaren Grund gibt, Angst zu haben. Und dass es immer nur unser Gedankenkreislauf ist, der uns in Aufruhr versetzt.

In uns sind Ruhe und Gelassenheit immer präsent, wir müssen manches Mal nur etwas tiefer graben, um sie wieder zu finden. Dieser Mikrokosmos, unser „Ich", ist in diesen Momenten der äußeren Unruhe der allerbeste Schutz vor vermeintlicher Unbill.

Sei innerlich ruhig, gelassen und klar!

Das Leben ist kein Zufall

Vater und Sohn machten eine Wanderung. Plötzlich fiel der Junge hin und verletzte sich am Knöchel. Der Schmerz ließ ihn laut aufschreien: „Auahh!" Zu seiner Verblüffung hörte er eine Stimme aus den Bergen: „Auahh!" Nun war seine Neugierde geweckt: „Wer schreit hier?" Und wieder hörte er die Stimme: „Wer schreit hier?"

„Du bist toll!", rief der Junge. Aus den Bergen hörte er: „Du bist toll!" Der Junge war verärgert, weil die Stimme ihn offensichtlich verspottete und rief: „Du Idiot!" Die Stimme ließ nicht lange auf sich warten: „Du Idiot!" „Vater, wer ist das?", wollte der Junge wissen. Der Vater musste schmunzeln. „Das nennt man Echo!", klärte er seinen Sohn auf.

„Es verhält sich wie unser Handeln. Denn alles, was du sprichst und tust, wird auf *irgendeine Weise zu dir zurückkehren. Dein Handeln anderen Menschen gegenüber, deine Worte, deine Leistung, deine Arbeit. Das Echo ist wie der Spiegel deines Handelns. Denn dein Leben ist kein Zufall, es ist dein Spiegelbild!"*

Der Junge wurde erwachsen und erinnerte sich sein Leben lang an die Worte seines Vaters, die er häufig bestätigt fand.

Quelle unbekannt

Selbstführungsimpulse unplugged: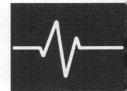

Wie reagierst du in Zeiten äußerer Unruhe?

Gehörst du zur Gattung „Vogel Strauß", der nichts hören und sehen will und hofft, dass dieser Kelch an ihm vorüber geht? Oder ziehst du dir jede nur mögliche negative Nachricht hinein, die die Medien verbreiten und startest dann ein makaberes Gedankenkarussell aus Nervosität, Angst und Panik? Beide Vorgehensweisen bringen dich nirgends hin. Und ganz sicher nicht zu mehr Klarheit und Wahrheit in deinem Leben. Die Lösung ist vielmehr – wie immer – der Mittelweg. Negatives nicht strikt von sich zu weisen, sondern es einfach wertfrei anzunehmen. Und dann rational zu überlegen, ob es eine akute Bedrohung gibt. In den meisten Fällen werden sich deine ängstlichen Gedanken als gegenstandslos erweisen und ins Nichts auflösen. Hast du das einmal erkannt, bist du der Klarheit und Wahrheit der inneren Ruhe sehr nahegekommen.

10

Wer sich erfolgreich selbst führen will, wird erkennen, dass die Kunst des Loslassens der direkte Weg zu mehr Klarheit und Wahrheit ist.

Vom Loslassen und anderen Balanceakten

Wenn wir von jemandem verletzt, hintergangen, ausgenutzt oder anderweitig enttäuscht wurden, wollen wir dieser Person oft unseren Schmerz spüren lassen, indem wir ihr nicht verzeihen. Denn der Akt des Verzeihens bedeutet für viele so etwas wie „Absolution erteilen". Und genau diese sind wir ja meist nicht bereit zu geben. Der andere soll möglichst genau so leiden wie wir! Aber, ist dies wirklich der richtige Weg, mit Konflikten umzugehen?

Verzeihen zu lernen ist für uns selbst sehr wichtig. Auf der einen Seite ermöglicht uns das Verzeihen in vielen Fällen, ein neues Miteinander zu entwickeln. Auf der anderen Seite – und das ist noch viel wichtiger – ist das Verzeihen der wirklich einzige Weg, um uns vom Einfluss, den eine Person auf uns hat, zu lösen. Erst wenn wir verzeihen, können wir loslassen. Erst wenn wir loslassen, können unsere Wunden heilen. Solange wir allerdings hadern und uns darauf konzentrieren, nicht verzeihen zu wollen, reißen wir selbst die Narben immer und immer wieder auf.

Warum es so schwierig ist, loszulassen

Kannst du eine Kränkung leicht vergessen? Hast du Angst, dein Gesicht zu verlieren, wenn du aufgibst? Denkst du, dass es ohne dich nicht geht? Kannst du Erwartungen zurückschrauben? Ist es dir möglich, die Vergangenheit ruhen zu lassen?

Was haben diese Fragen in dir ausgelöst? Für die meisten Menschen ist das Loslassen keine einfache Sache. Es gibt nun einmal Gewohnheiten, Beziehungen und Dinge, von denen wir uns nicht so leicht verabschieden können. Mehr oder weniger persönliche Gegebenheiten und Situationen, an denen wir einfach festhalten. Je nachdem, wie wichtig sie für uns sind, fällt es uns schwerer oder leichter, uns von ihnen zu lösen.

Der Hang zum Verharren im Schmerz

Eine weitere große Herausforderung, die uns beim Loslassen oder Verzeihen begegnet, ist unser gerne hingebungsvoll praktiziertes Anhaften am Schmerz und am bereits begangenen Unheil. Interessanterweise haben wir alle die Neigung, nicht nur an den schönen Dingen und Erinnerungen festzuhalten, sondern verstärkt noch an unserem Schmerz, unseren Sorgen und Problemen. Meistens ist es sogar so, dass wir an dem, was uns am intensivsten schmerzt, am krampfhaftesten festhalten.

Von der geistigen Perspektive aus ist es natürlich völlig absurd, am Schmerz festzuhalten. Aber versuche erst einmal, das deinem Ego klarzumachen! Das Ego sieht es als seine erste Aufgabe und Pflicht, durch das Festhalten am Unglück „die Welt zu verbessern" und natürlich auch „für Gerechtigkeit" zu sorgen. Leider ist das Fatale daran, dass eben dadurch das Leid immer wieder neu manifestiert wird, genau das also, was wir eigentlich so gerne loswerden wollen. Dabei ist es entscheidend, zu verstehen, dass das Ich und der Schmerz sehr eng miteinander verbunden sind. Wenn wir genau hinschauen, können wir sogar erkennen, dass Ichbezogenheit immer Schmerz oder Leid bedeutet. Irgendwie scheint es so abzulaufen, dass das Ich nicht mehr ganz so wichtig ist, wenn es keine Sorgen, Probleme und keinen Schmerz hat.

Verzeihen – vor allem dir selber

„Das werde ich dir nie verzeihen!", ist wahrscheinlich einer der brutalsten Sätze, die es gibt – und auch einer der schmerzvollsten. Schmerzvoll, aber nicht nur für denjenigen, dem nicht verziehen werden kann, sondern vor allem auch für den Menschen, der nicht verzeiht. Menschen, die nicht verzeihen, wissen meist gar nicht, was sie sich damit selbst zufügen.

Sich zu versöhnen fällt vielen Menschen schwer. Wir fühlen uns extrem elend, wenn wir im Streit auseinandergehen und einander Leid zufügen. Egal, ob in der Partnerschaft, in der Familie, im Freundeskreis oder im Beruf. Richtig zu verzeihen braucht immer Zeit und ist Schwerstarbeit. Viele Menschen baden danach noch tagelang in Selbstmitleid oder denken an Rache, was auf Dauer sehr ungesund ist. Für das eigene Wohlgefühl ist es deutlich besser, erlittenes Unrecht zu verzeihen und ad acta zu legen. Dazu ist es notwendig, aktiv daran zu arbeiten und zu versuchen, sich in die Rolle des anderen zu versetzen, aber auch den eigenen Schmerz anzuerkennen.

Freiheit durch Loslassen

Alte Niederlagen, Verletzungen, Probleme persönlicher oder beruflicher Natur begleiten Menschen auf ihrem Lebensweg meist länger als sie ahnen. Jedoch ist es irgendwann an der Zeit, loszulassen und sich schöneren und positiveren Dingen zu widmen. Das Leben wieder zu genießen und es sich gut gehen zu lassen. Eine neue Richtung einzuschlagen. Loslassen bringt auf Dauer neue Lebensqualität mit sich, wobei Loslassen nichts mit Weglaufen zu tun hat. Loslassen bedeutet, seine Ziele neu auszurichten und entsprechend zu handeln.

Der Mensch, der eine schonungslose Bestandsaufnahme macht über die Dinge, die er nicht loslassen kann oder will, lässt sich auf die damit verbundenen Gefühle ein, kann sich dadurch Neuem öffnen und Altes endgültig verarbeiten.

Loslassen, verzeihen und frei sein!

Der Sorgensack

Eines Tages wurde einer Frau ihr Sorgensack zu schwer, sie schien fast darunter zu zerbrechen. Sie wusste nicht mehr, wie sie es schaffen sollte, ihn weiter zu tragen. Irgendwann hatte sie von einer Stelle tief im Wald gehört, an der es eine verschlossene Höhle gab, in der man unter bestimmten Voraussetzungen seinen Sorgensack loswerden konnte. Heimlich machte sie sich auf den Weg. Nach nicht allzu langer Zeit fand sie den Ort. Vor der Höhle saß ein alter Mann, der sie freundlich willkommen hieß. „Ich möchte hier bei dir meinen Sorgensack loswerden", bat sie ihn. Er schaute sie eindringlich an: „Das möchten viele, und das können sie hier auch tun. Aber es gibt eine Bedingung; in diesem Raum stehen viele Sorgensäcke, und du kannst deinen nur loswerden, wenn du ihn gegen einen anderen umtauschst." Die Frau willigte ein, und der Alte führte sie in ein riesiges

Gewölbe. Erleichtert stellte sie ihren Sorgensack ab.

Dann versuchte sie, ihn gegen einen passenden einzutauschen. Eilig rannte sie von Sack zu Sack und schaute hinein. Sorgen über Sorgen, manche davon viel schlimmer als ihre eigenen, blickten zu ihr zurück. Entsetzt und enttäuscht band sie jeden Sack schnell wieder zu. Nach langem Suchen schlich sie zu ihrem eigenen Sack zurück, packte ihn wieder auf die Schultern und verließ nachdenklich den Raum.

Ihr Sorgensack schien ihr plötzlich so leicht, dass sie ihn gar nicht mehr auf ihren Schultern spürte, und sie ging leichtfüßig und guten Mutes davon. Und jedem, den sein Sorgensack fast zu erdrücken schien, erzählte sie von ihrem Erlebnis.

Lothar Zenetti

Selbstführungsimpulse unplugged: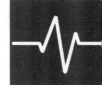

Lässt du schon souverän los oder hängst du gewissen Vorkommnissen aus der Vergangenheit noch immer nach?

Gibt es in deinem Leben Menschen, denen du eine Aussage oder Tat einfach nicht verzeihen kannst? Und vor allem, wie fühlst du dich dabei, wenn deine Gedanken noch immer um diese eine Situation kreisen?

Vermutlich nicht sehr gut. Denn dieses Verharren in der Vergangenheit blockiert deine Energie und Schaffenskraft in der Gegenwart, umnebelt deine klare Sicht auf die Zukunft und verhindert so deine ganz großen Erfolge. Es ist Zeit, loszulassen!

11

Wer sich erfolgreich selbst führen will, muss dann auch mal weg sein können.

Distanz gewinnen – für das eigene Seelenheil

Erreichbarkeit around the clock?

Die meisten Menschen sind den ganzen Tag online. Wir sind fast immer auf Empfang und können auch andere stets und überall erreichen. Das hat uns im zwischenmenschlichen Umgang flexibler gemacht, kurzfristige Änderungen – auch des persönlichen Zeitplans unter Freunden – sind ohne weiteres möglich. Was die Technik erlaubt, nutzen wir konsequent.

Aber, wir kommunizieren immer häufiger, fast schon pausenlos. Selbst während eines Arbeitstages ist genug Zeit, mit unseren Freunden in Kontakt zu bleiben. Per SMS oder per E-Mail bleiben wir verbunden. Jedoch, wir müssen die vielen Kontakte ja auch irgendwie mit Inhalt füllen. Je mehr kommuniziert wird, sowohl quantitativ als auch qualitativ, desto mehr nimmt unsere moralische Verpflichtung zu, diese Kontakte regelmäßig zu bespielen. Sich diesem Kommunikationskreislauf zu entziehen, egal aus welchem Grund, wird immer schwieriger.

Soziale Auszeiten – einfach notwendig

Unsere ständige Erreichbarkeit hat sich in eine neue Unentrinnbarkeit verwandelt. Im Zeitalter von Facebook, Twitter, Instagram & Co und der allgemein gültigen Devise „rund-um-die-Uhr-erreichbar-zu-sein" wird es immer anstrengender, unser ureigenes Terrain zu schützen. Deswegen gehört es fast schon zur modernen Lebenskunst, sich auch einmal entziehen zu können. Auf Distanz zu gehen. Virtuell wie auch im realen Leben. Ein wesentliches Merkmal von Freundschaften ist angeblich, dass sie auf Freiwilligkeit beruhen. Aber das stimmt nicht ganz. Denn sobald unsere Freundschaften enger werden, schleicht sich so etwas wie eine Beziehungspflicht ein. Dazu gehört auch die kommunikative „Pflicht", auf alle SMS, Facebook-Direktnachrichten, WhatsApp News und auf die sonstigen Möglichkeiten der modernen virtuellen Unterhaltung zeitnah zu reagieren. Denn unsere persönlichen Beziehungen regiert ein empfindliches System gegenseitiger hoher Erwartungen und tiefer Enttäuschungen, falls die Erwartungen nicht eintreffen.

Entlarvungsintelligenz niemals unterschätzen

Wir gleiten mehr und mehr in eine Situation der kommunikativen Bringschuld, auf alle eingehenden Nachrichten so rasch wie möglich zu antworten. Das erzeugt Stress und setzt uns unter Druck, zu einem spontan via WhatsApp vorgeschlagenen Treffen zu gehen, obwohl wir im Prinzip gar keine Zeit haben. Zerrissen zwischen Rücksichtnahmen, Ängsten, andere zu kränken, und den Bemühungen, für unser eigenes Seelenheil einen gewissen Abstand zu wahren, handeln wir nur zu oft gegen unseren eigenen Willen und unsere persönlichen Präferenzen.

Damit ist niemandem geholfen. Uns nicht, weil die unterschwellig vorhandene Unwilligkeit sich nicht wirklich verbergen lässt, unseren Freunden nicht, weil wir als im Grunde unwilliger Gesprächspartner ja oft ungenießbar sind. Ehrlich währt am längsten – gerade in persönlichen Beziehungen. Es ist nicht nur für uns selbst viel befreiender, ehrlich zu sagen, ob wir Lust auf ein Treffen oder einen Online-Chat haben oder nicht – die nackte und bloße Wahrheit ist auch für den Empfänger sehr viel verträglicher, als wir das gemeinhin annehmen.

Fast immer merken es unsere Freunde und Kontakte, wenn wir lügen, um uns zu entziehen. Man unterschätzt die Entlarvungsintelligenz der anderen meist massiv. Frei heraus und ehrlich Auskunft zu erhalten, auch eine negative Antwort, wird vom Empfänger weit mehr geschätzt als das Ausredensuchen, die Verzögerung von Entscheidungen oder das Nicht-Beantworten von virtuellen Nachrichten.

Auf Distanz gehen bedeutet auch Klarheit!

Die vier Wege zum Meer

Eine Frau verspürte in sich großes Sehnen nach dem Meer. Dieses Sehnen nach dem Meer wurde so stark, bis nur mehr der Gedanke in ihr schwang, zum Meer zu gelangen.

Sie verließ ihre Familie und ihr Dorf und machte sich auf den Weg. Nach langer Wanderschaft kam sie an eine Kreuzung, von der vier Wege weiterführten. Sie nahm den ersten. Als sie nach langer Zeit auf diesem Weg das Meer nicht erreichte, kehrte sie wieder zu der Kreuzung zurück. Nach der Reihe ging sie einen jeden dieser Wege, immer mit demselben Ergebnis. Als nach einer Weile das Meer nicht in Sicht kam, drehte sie um und kehrte stets zur Kreuzung zurück.

Sie blieb an dieser Kreuzung, bis sie alt geworden war. Bevor sie starb, spürte sie *noch einen einzigen Wunsch. Auf jenen Hügel wollte sie, der sich an der Kreuzung erhob. Durch unwegsames Gelände wanderte sie langsam hoch, bis sie die flache Kuppe des Hügels erreichte. Ein großartiger Anblick bot sich ihr dar.*

In der Ferne sah sie das Meer, nach dem sie sich ihr ganzes Leben gesehnt hatte. Und mehr noch: Von diesem Platz konnte sie die vier Wege überblicken, die sie gegangen war. Sie sah, jeder der vier Wege führte zum Meer.

Sufi-Geschichte

Selbstführungsimpulse unplugged: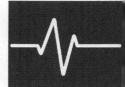

Erlaubst du es dir schon, zwischendrin mal komplett offline und unerreichbar zu sein?

E-Mails sein zu lassen, alle deine Social Media-Kanäle geschlossen zu halten und nicht ständig nachzusehen, was sich gerade tut? Wenn du nicht da bist, bist du eben nicht da! Das bedeutet nicht, total in den kommunikativen Untergrund zu schreiten. Aber du hast das Recht, dann auf Distanz zu gehen, wenn du spürst, dass dies für deine persönliche Balance wichtig ist. Sich kommunikativ etwas zurückzuziehen, das geht, ohne dabei jemanden zu vergrämen! Du musst es dir nur selber zugestehen, dann wird deine temporäre Abwesenheit ausgezeichnet funktionieren.

Beobachte doch einmal, was passiert, wenn du einfach offen und ehrlich sagst, was du willst und was nicht. Und das im Leben wie auf den sozialen Netzwerken! Wie du damit umgehst, für dich online wie offline die dir zustehende Distanz zu schaffen, ist ein ganz entscheidender Teil deiner Selbstführungskompetenz.

12

Wer sich erfolgreich selbst führen will, muss Stille aushalten können.

Die ambivalente Macht der Stille

Wie geht es dir mit der Stille? Sehnst du dich nach ihr, wenn dein Alltag zu laut und anspruchsvoll wird? Und kann es sein, wenn es um dich herum allzu still ist, dass du dich plötzlich nicht wohlfühlst, weil dir der ständige Geräuschpegel, der dich normalerweise umgibt, fehlt? Denn so einfach ist das gar nicht, mit der richtigen, tiefen Stille auf Dauer zurechtzukommen. Können wir es lernen, ganz bei uns und wahrhaftig still zu sein?

Meditation unterstützt Klarheit und Wahrheit

Wohl jeder kennt es – das tägliche Chaos im Kopf, die ständige Karussellfahrt wild durcheinander purzelnder Gedanken. Das Nicht-Abschalten-Können macht uns unruhig. Was wir in so einer Situation dringend brauchen? Neue Kräfte sammeln, die Batterien frisch aufladen, uns Zeit nehmen für uns selbst. Wohlbefinden entsteht aus dem optimalen Zusammenspiel von Körper, Geist und Seele. Wer in sich ruht, kann sehr viel leisten und brennt dabei nicht aus. Dabei gilt: In der Ruhe liegt die Kraft. Regelmäßige Auszeiten sind wichtig für unseren Körper und Geist. Durch oftmaliges meditatives Üben können uns die üblichen Alltagsprobleme nicht so schnell aus dem Gleichgewicht bringen. Auch sehr unruhige Geister, die sonst nur schwer an einem Fleck verweilen können, lassen sich durch die unterschiedlichsten Formen von Meditation beruhigen. Das Schöne daran: Es kostet nichts, außer ein bisschen Zeit. Die ist aber exzellent investiert, weil dich Meditation auf eine sehr angenehme und natürliche Art und Weise in die Entspannung kommen lässt.

„Bodybuilding" fürs Gehirn

Höhere Konzentration, gesteigerte Leistungsfähigkeit – bereits jeder zehnte Manager interessiert sich für Meditation, weil sie „Bodybuilding" fürs Gehirn darstellt. So berichten immer mehr Führungskräfte über ihre persönliche spirituelle Praxis und illustrieren damit auch einen neuen Spirit im Management. Erfahrungsberichte aus den Führungsetagen zeigen, dass Meditation hilft, den ewigen Konflikt zwischen Management und Menschsein, zwischen persönlicher Entfaltung und beruflicher Effizienz, zu überbrücken. Die Einbeziehung spiritueller Intelligenz in den Arbeitsalltag ist längst ein wichtiger Performance-Faktor geworden. Nachhaltiger wirtschaftlicher Erfolg wird mit hoher Wahrscheinlichkeit die Folge sein! Keine Führungskraft, die sich intensive und zielorientierte Selbstführung auf die Fahnen geheftet hat, sollte auf den Kraftfaktor Meditation verzichten.

Die Reise ins Innere

Wie gehst du vor? Im Prinzip handelt es sich darum, die für dich passende Art der Entspannung zu finden. Das ist nicht immer leicht. Fast jeder verspürt das Bedürfnis, so richtig abzuschalten, kennt den Weg zur nachhaltigen inneren Ruhe aber leider nicht. Denn unser – durch die dauernde Überflutung mit Informationen, Leistungsansprüchen und sonstigen Anforderungen überdrehter – innerer Motor macht es schwer, aus der eigenen Mitte heraus zu agieren.

Meditieren ist leicht erlernbar und frei von jedem Leistungsdruck. Du brauchst nur bequeme Kleidung, einen für dich angenehmen Platz und schon bist du bereit für die Reise in dein Inneres! Du musst nichts tun, außer deinem eigenen Atem zu folgen. Schon dieser Zustand schenkt wunderbare Leichtigkeit und macht dich stressresistenter und ausgeglichener. Es gibt viele Arten, in deine innere Welt einzutauchen und damit deinen Geist zu beruhigen – von der analytischen Meditation über die Geh- bis hin zur Zen-Meditation. Man muss keiner speziellen Schule angehören, um meditieren zu können. Es ist weder notwendig, sich zu einer menschlichen Brezel zu verbiegen, noch sich krampfhaft um Erleuchtung oder mönchische Askese zu bemühen. Im Gegenteil. Das Geheimnis liegt darin, loszulassen und den Augenblick voll und ganz zuzulassen.

Die zwei Seiten der Stille

In der Meditation finden wir also vor allem eines: Stille. Das Wort „Stille" hat zwei Seiten. Auf der einen Seite kannst du in der Stille Halt, Wohlgefühl und Gelassenheit finden. Doch die Stille bringt auch einen Aspekt mit sich, der für manche unangenehm ist. Denn sie konfrontiert uns mit unseren Begrenzungen, mit dem, was wir nicht so sehr mögen an uns selbst. Deshalb halten viele Menschen Stille nur schwer aus, empfinden sie sogar als Bedrohung. Oder anders ausgedrückt: Die äußere Stille macht den inneren Lärm bewusst! Auch diesen müssen wir aushalten können!

Wenn wir in die Stille kommen, steigen alte Ängste hoch, schmerzvolle Erinnerungen oder traurige Kindheitserfahrungen zeigen sich. Das ist sehr anstrengend. Wir rasen deswegen von Ablenkung zu Ablenkung, um vor dieser nicht immer willkommenen Stille zu flüchten. Denn sie zeigt uns gnadenlos auf, was in unserem Leben noch ungeordnet ist! So herausfordernd das auch sein mag, es ist nur die Stille, die uns diese Selbsterkenntnis in voller Tiefe bringt. Das ist sehr wertvoll. Nur was wir als nicht mehr zu uns gehörig erkennen, können wir ändern. Nur so ist es uns möglich, über die Meditation und die Stille, die sie mit sich bringt, eine sichere innere und äußere Balance zu erreichen und zu erhalten. Nur so können wir klar und wahr denken und handeln.

Durch Stille und Meditation erfolgreich die Balance halten!

Lernen, wie man still wird

Die Schüler der Tendai-Schule lernten schon Meditation, bevor Zen nach Japan kam.

Vier von ihnen, die enge Freunde waren, versprachen einander, sieben Tage lang meditatives Schweigen zu bewahren. Am ersten Tag waren sie alle still. Ihre Meditation hatte glückverheißend begonnen, als aber die Nacht kam und die Öllampen trüb wurden, konnte sich einer der Schüler nicht zurückhalten, einem Diener zuzurufen: „Sieh nach den Lampen!" Der zweite Schüler war überrascht, den ersten reden zu hören und flüsterte: „Wir sollten doch kein Wort reden." Der dritte sagte darauf laut: „Ihr seid beide dumm. Warum redet ihr?" Der vierte stellte mit Stolz fest: „Ich bin der Einzige, der nicht gesprochen hat."

Quelle unbekannt

Selbstführungsimpulse unplugged: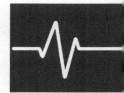

Wie lange kannst du still sein?

Wirklich still. Wortlos still. Ohne, wie in der Geschichte, doch unbewusst mit Worten herauszuplatzen. Ist dir eine solche Übung schon einmal gelungen? Und wenn ja, wie hast du dich gefühlt? Unsicher, verloren in deinen Gedanken oder stark und kraftvoll, weil dein Geist stärker war als deine Zunge, die unbedingt immer wieder sprechen wollte.

Dies ist eine sehr kraftvolle Übung, die du leicht in deinen Tagesablauf einbauen kannst. Ja, das geht auch im beruflichen Alltag. Nicht immer natürlich, bei einem wichtigen geschäftlichen Treffen eine Schweigemeditation abzuhalten, wäre deiner Karriere sicher nicht förderlich. Aber zwischendrin, alleine an deinem Arbeitsplatz, kannst du dich immer wieder kurz meditativ betätigen, in deine Mitte kommen und mit neuer Klarheit zu deinen Aufgaben zurückkehren.

13

Wer sich erfolgreich selbst führen will, hat die eigene Zeit in jedem Moment achtsam und aufmerksam im Griff.

Wie hoch ist hoch genug als Drehzahl?

Der uns zur Verfügung stehende 24-Stunden-Tag wird bei den meisten Menschen auf Teufel komm raus vollgestopft. Wir planen, verdichten, pressen alles hinein, bis nicht mehr das kleinste Quantum an Zeit übrigbleibt. Kennst du das? Verspürst du auch große Sehnsucht nach mehr Zeit? Endlich nicht mehr hektisch sein. Endlich Dinge stresslos erledigen. Endlich in Ruhe tun oder lassen können, wonach es dich gelüstet. Utopie, meinst du? Nein, durchaus nicht. Wenn wir eine grundsätzlich andere Haltung gegenüber der Zeit entwickeln, muss diese neue Lust auf mehr Zeit keine graue Theorie bleiben!

Über die Sehnsucht, immer alles zu erledigen

Immer gut drauf sein und mehr aus unserer Zeit herausholen, das ist die große Herausforderung, mit der wir uns täglich auseinandersetzen. Doch wir stoßen dabei – sowohl privat wie auch wirtschaftlich – zunehmend an unsere Grenzen. Immer öfter überschreiten wir sie auch. Das Ergebnis zeigt sich in Herzrhythmusstörungen oder Tinnitus und endet nicht selten im Burnout. Was können wir tun, um diesen zeitlichen Engpässen entgegenzuwirken und genau das Leben zu leben, das wir uns wünschen?

Die Erhöhung der Zeitkompetenz spielt bei der Verwirklichung dieses Wunsches eine wesentliche Rolle. Dabei gilt es vor allem, die qualitativen Aspekte von Zeit wieder in den Mittelpunkt zu stellen. Denn, wie die Luft zum Atmen nehmen wir die Qualitäten der Zeit gar nicht mehr wahr.

Sie sind nur noch selbstverständliche Begleiterscheinungen des Hauptstroms der messbaren Zeit.

Wie hoch ist hoch genug als Drehzahl?

Alles, was schnell ist, ist gut. Stimmt das wirklich? Geschwindigkeit wurde in den letzten Jahren immer mehr zur höchsten Priorität, unabhängig von Situationen, Personen oder der spezifischen Herausforderung einer Aufgabe. Dieses Denken führt direkt in eine Sackgasse. Denn jeder Mensch hat seine eigene Drehzahl, in der er sich gut fühlt und effizient arbeiten kann. Eine Geschwindigkeitserhöhung über dieses persönliche Limit hinaus führt automatisch zu Fehlern - die vermeintlich gewonnene Zeit fällt der Korrektur zum Opfer.

Der Zeitgeist von „Busi-ness" herrscht gnadenlos vor, ohne zu hinterfragen, ob diese Maxime überall ihre Geltung hat. Egal, ob es sich um Speed-Dating handelt, darum, den „coffee to run" zu konsumieren oder mit dem Smartphone allzeit bereit und erreichbar zu sein. Manche Menschen können ohne größere Mühen einen frenetischen zeitlichen Rhythmus aufrechterhalten, sie bekommen mehr Energie, je mehr sie tun. Mit dieser hohen Drehzahl unterwegs zu sein, ist ihr persönlicher Motor. Andere wiederum brauchen es gemächlicher, um in ihre volle Leistung zu kommen. Deswegen ist es so wichtig, sich mit deiner eigenen Wohlfühl-Drehzahl zu beschäftigen und für dich passende Zeitmuster zu etablieren.

Entwicklung von Zeitempathie

Zeit hat unterschiedliche Formen. So hat jedes Gespräch einen Anfang, Übergänge, Pausen, Wiederholungen und ein logisches Ende. Eine (zeit-)bewusste Steuerung dieser Faktoren macht Termine und Meetings effektiver.

Dabei können folgende Fragen hilfreich sein: In welcher Zeit denkt und lebt dein Gesprächspartner? Hauptsächlich in der Vergangenheit oder richtet sich sein Blick in die Zukunft? Wie kannst du bestmöglich und zeit-empathisch mit dieser Person kommunizieren, damit euer beider Drehzahlen sich so gut wie möglich im Einklang befinden?

Neben der Zeitempathie für andere ist es wichtig, die Zeitempathie für dich selbst nicht aus den Augen zu verlieren. Identifiziere jene Menschen, die notorische Zeiträuber sind, und schütze dich vor ihnen. Das ist mit bewusster Abgrenzung immer möglich. Fülle deine zeitlichen Energiespeicher vor wichtigen Gesprächen auf. Krisengespräche in Unternehmen oder privater Natur kosten immens viel Kraft und Zeit. Bringe dich davor in einen guten Energiezustand und in deine ideale Drehzahl.

Mut zur Selbstfürsorge führt dazu, dass wir zu ressourcenvollen Personen werden, die mit vernünftigen Zeitpuffern planen und ihre zeitlichen Grenzen und Fähigkeiten kennen. Das macht flexibel und erlaubt es uns hin und wieder, unsere zeitlichen Grenzen kurzfristig zu überschreiten.

Die eigene Zeitplanung im Griff haben und sich frei und gelassen fühlen!

Der Schmetterling

Ein Wissenschaftler beobachtete einen Schmetterling und sah, wie sehr sich dieser abmühte, durch das enge Loch aus dem Kokon zu schlüpfen. Stundenlang kämpfte der Schmetterling, um sich daraus zu befreien. Da bekam der Wissenschaftler Mitleid mit dem Schmetterling, ging in die Küche, holte ein kleines Messer und weitete vorsichtig das Loch im Kokon, damit sich der Schmetterling leichter befreien konnte. Der Schmetterling entschlüpfte sehr schnell und sehr leicht.

Doch was der Mann dann sah, erschreckte ihn doch sehr. Der Schmetterling, der da entschlüpfte, war ein Krüppel. Die Flügel waren ganz kurz und er konnte nur flattern, aber nicht richtig fliegen. Da ging der Wissenschaftler zu einem Freund, einem Biologen, und fragte diesen: „Warum sind die Flügel so kurz und warum kann dieser

Schmetterling nicht richtig fliegen?" Der Biologe fragte ihn, was er denn gemacht hätte. Da erzählte der Wissenschaftler, dass er dem Schmetterling geholfen hatte, leichter aus dem Kokon zu schlüpfen.

„Das war das Schlimmste, was du tun konntest. Denn durch die enge Öffnung ist der Schmetterling gezwungen, sich mit aller Kraft hindurch zu quetschen. Erst dadurch werden seine Flügel aus dem Körper herausgequetscht und wenn er dann ganz ausgeschlüpft ist, kann er fliegen. Weil du ihm geholfen hast und ihm den Schmerz ersparen wolltest, hast du ihn zwar kurzfristig unterstützt, aber langfristig zum Krüppel gemacht."

Wir brauchen manchmal den Schmerz, um uns entfalten zu können – um der oder die zu werden, die wir sein können. Deshalb sind Krisen und Notsituationen notwendig – sie sind wertvolle Entwicklungschancen, die wir nutzen sollten.

Quelle unbekannt

Selbstführungsimpulse unplugged: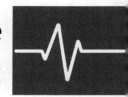

Wie weit bist du betreffend deine persönliche Zeit-Souveränität?

Taumelst du von anderen Menschen zeitlich gesteuert durch deine Tage und lässt deren Drehzahl deinen Rhythmus bestimmen? Oder ist dir die Bedeutung des wertvollen Gutes Zeit bewusst? Arbeitest du bereits aktiv an der für dich richtigen Zeitstruktur? Jene, die dich erfolgreich macht, weiterbringt und dir die Freiheit bietet, wirklich das Leben zu leben, das für dich passt und dich glücklich macht?

In Selbstführung schon weit fortgeschrittene Menschen erlauben anderen niemals, ihnen fremde Zeitrhythmen aufzudrängen, sie beschützen ihre persönlichen Zeitfenster und wissen, wie zeitliche Abgrenzung funktioniert. Wie klar und wahr denkst und handelst du heute betreffend deine Zeit?

14

Wer sich erfolgreich selbst führen will, muss Veränderung beherzt leben.

Change – Fluch oder Segen?

Zahlreiche Bereiche unseres Lebens sind fragil. Wie gehen wir damit um, dass vieles in unserem Leben unsicher ist – bedroht von Veränderungen oder bereits völlig erschüttert von plötzlichen Zusammenbrüchen? Nicht jeder kann sich auf unsicherem Boden weiter vertrauensvoll vorwärtsbewegen. Nicht jeder sieht die Chancen, die im Risiko liegen. Nicht jeder nimmt Veränderungs-Situationen als Entwicklungsmöglichkeit an. Ganz im Gegenteil: Die Mehrheit der Menschen hat Angst vor Situationen, die Neues, Unbekanntes und damit Unsicherheit mit sich bringen. Ist es uns möglich, uns allzeit fit zu machen für das, was kommt, für das stets Ungewisse?

Zeiten im Aufbruch

Große Veränderungen gab es schon immer, in allen geschichtlichen Zeitaltern und Jahrhunderten. Daran hat sich auch bis heute nichts geändert. Diese Unsicherheiten und Risiken sind nicht weniger geworden - sie haben nur ihr Erscheinungsbild verändert. In den letzten Jahrzenten und Jahrhunderten sind viele fundierte Überlieferungen zusammengebrochen – Überlieferungen in Regierungsformen, im familiären und sozialen Leben, in wirtschaftlicher Hinsicht und im religiösen Glauben. Die sicheren Felsen, an die wir uns bisher immer klammern konnten, scheinen im Laufe der Jahre mehr und mehr zu schwinden, sie driften weiter und weiter ab und entfernen sich irgendwann endgültig.

Wir leben in einer Gesellschaft, in der ständig alles in Bewegung zu sein scheint, in der sich Veränderungen mit einer so hohen Geschwindigkeit vollziehen, dass wir den Überblick zu verlieren drohen. Das ängstigt und lähmt.

Ein Leben – ein Job – das war einmal

Vor einigen Jahrzenten starteten die Menschen ihre berufliche Karriere in der Überzeugung, dass sie in dem gewählten Job alt werden könnten. Heute beginnen viele junge Leute ihr Berufsleben mit extremer Unsicherheit. Nicht wissend, wie lange dieser Arbeitsplatz sicher ist, nicht wissend, ob dieser Job sie und ihre zukünftigen Familien auch ausreichend ernähren kann, nicht wissend, wie lange es diese Art der Tätigkeit überhaupt noch geben wird. Die Welt dreht sich schneller in fast jeder Hinsicht, neue Branchen und Berufsfelder entstehen. Daraus resultiert, dass Berufskarrieren nur mehr begrenzt planbar sind. Somit verläuft auch der Weg zu Partnerschaft, Familie und Kindern auf unsicherem und nicht so leicht planbarem Terrain. Konnten wir bislang darauf vertrauen, dass unser Geld in der Bank sicher war und akzeptable Zinsen abwarf, so müssen wir uns heute fragen, ob wir nicht durch die Eurokrise und gierige Märkte um unser Erspartes gebracht werden. Auch die Angst, im Alter nicht ausreichend abgesichert zu sein, nimmt dramatisch zu.

Angst vor Change – aber warum?

Die Abneigung gegen Unsicherheit scheint tief in uns verwurzelt und ein gewisses evolutionäres Erbe zu sein. Auf Unbekanntes und Verunsicherndes ängstlich und vorsichtig zu reagieren, war für unsere Vorfahren überlebenswichtig. Das menschliche Gehirn hatte für eine unheimlich lange Zeit der Entwicklungsgeschichte eine große Aufgabe: Gefahren im Vorhinein zu erkennen, zu antizipieren, von welcher Seite Bedrohungen im Anmarsch waren, ob dies nun Hunger, Naturkatastrophen oder Feinde waren. Daher kommt auch unsere Eigenart, immer das Schlimmste zu erwarten und sich in für uns unsicheren Situationen nicht wohl zu fühlen. Wenn es darum geht, schon sehr eindeutige Gefahren abzuwehren, ist dieser automatische Bedrohungssensor sehr nützlich. In Momenten, die eine bloß diffuse Unsicherheit hervorrufen, ist diese Eigenschaft jedoch wenig hilfreich, nimmt sie uns doch oft das klare Denken und macht uns leider oft handlungsunfähig.

Brauchen wir Berechenbarkeit?

Um die Herausforderungen des Lebens erfolgreich bewältigen zu können, benötigen wir ein gewisses Maß an Überschaubarkeit, Vorhersehbarkeit und Stabilität. Wir wollen wissen, mit welcher Situation wir es zu tun haben, was als Nächstes zu erwarten ist, was wir im Detail tun können und mit welchen Konsequenzen dieser Handlungen zu rechnen ist. Droht der Verlust von Kontrolle und Vorhersagbarkeit, führt dies zu Hilflosigkeit. Um dieses schwer auszuhaltende Gefühl zu vermeiden, halten viele Menschen an der Vorstellung fest, dass das Leben unbedingt berechenbar und sicher sein muss. Das Gegenteil trifft zu! Gerade heute ist es so immens wichtig, eine „Kultur der Unsicherheit" zu entwickeln und intensiv zu leben.

Experten sollen dann in Unsicherheitssituationen Orientierung und Rat liefern. Sie sind an die Stelle der früher Sinn und Orientierung gebenden Instanzen wie Familie und Kirche getreten und werden immer dann zu Hilfe gerufen, wenn die Unsicherheit unerträglich wird. Doch selbst der beste Expertenrat kann uns nicht dabei helfen, die vielen Risiken unseres Daseins richtig einzuschätzen und daraus die Kraft für neue Wagnisse und Abenteuer zu gewinnen. Was also kann helfen? Können wir lernen, mit Unsicherheit sicher umzugehen?

Unsicherheiten aushalten lernen

Um die Kraft zum Wagnis aufzubringen, brauchen die Menschen eine Fähigkeit, die man als „Ambivalenztoleranz" (Ina Jekeli, Der Andere Verlag, 2002) bezeichnet. Danach neigen Menschen mit hoher „Ambivalenztoleranz" nicht zum Schwarz-Weiß-Denken. Sie sind in der Lage, Widersprüche auszuhalten, erwarten nicht sofort Antworten auf offene Fragen und bewerten unklare, irritierende Informationen nicht automatisch negativ. Manche Experten halten Ambivalenztoleranz für eine stabile Persönlichkeitseigenschaft, andere sehen sie als veränderlichen kognitiven Prozess an. Von welchem Konzept man auch ausgeht, es gibt auf jeden Fall Möglichkeiten, die eigene Fähigkeit, Unsicherheit auszuhalten, zu stärken. Ambivalenztoleranz lässt sich beispielsweise erhöhen, indem man Kontroll-Illusionen aufgibt, den eigenen Denkstil ändert und die Grenzen des eigenen Wissens anerkennt.

Die Begrenztheit des eigenen Wissens akzeptieren

Menschen mit einer geringen Ambivalenztoleranz streben in der Regel danach, ihre Unsicherheit schnell zu beenden: Indem sie sich mit einfachen Antworten zufriedengeben und ein Schwarz-Weiß-Denken pflegen. Sie wollen wissen: „So ist es", sie wollen simple Tatsachen, sie wollen Zweifel und Misstrauen nicht aushalten, sich diesen Gedanken gar nicht stellen. Wer jedoch auf diese Weise Sicherheit finden möchte, zahlt einen hohen Preis: Indem wir neue Fragen und neues Gedankengut sowie die damit logischerweise einhergehende Unsicherheit ignorieren, verzichten wir meist darauf, ein wirklich weiser Mensch zu werden.

Weise Menschen wissen sowohl um die Begrenztheit ihres Wissens als auch um die Begrenztheit der Sicherheit, mit der Probleme gelöst werden können. Weisheit bedeutet dabei, eine gesunde Balance zwischen Wissen und Zweifel zu halten, sowie die Fähigkeit, Widersprüchlichkeiten nicht zu überhöhen, aber auch nicht zu ignorieren. Wir können der Unsicherheit nie entkommen. Hier auf diesem Planeten zu sein und zu wirken, bringt automatisch ständige Change-Situationen mit sich. Wir wissen nie, was als Nächstes geschieht. Wir erkennen unser Leben, unser Schicksal, nun einmal nur von rückwärts nach vorne, niemals jedoch in die andere Richtung. Diesem Dilemma entkommen wir nicht. Aber, wenn wir es schaffen, vertrauensvoll und sicher mit unseren Ängsten umzugehen, dann gibt es gar kein Dilemma. Dann gibt es nur Vertrauen. Nämlich das Vertrauen in uns selber, das, was auch immer kommen mag, mit innerer Stärke, Durchsetzungskraft und hoher Selbstführungskompetenz zu meistern.

Positiv neugierig sein auf das, was kommt!

Die Frau und der Wunsch, das Leben zu verändern

Es war einmal eine Frau, die wollte ihr Leben verändern, aber es gelang ihr nicht so richtig. Immer wieder versuchte sie, neue Impulse in ihr Leben zu bringen, aber immer wieder fiel sie in die alten Verhaltensweisen zurück.

Eines Tages ging sie im Stadtpark spazieren und wollte sich auf eine Bank setzen, doch dann entdeckte sie, dass eine Spinne ein ziemlich großes Netz über die Bank gesponnen hatte. So setzte sie sich auf die Bank nebenan. Sie begann, die Menschen zu beobachten. Viele der Menschen kannte sie, denn die meisten Menschen kamen wie sie regelmäßig in den Stadtpark.
Da kam der Frau in den Sinn, dass normalerweise immer um diese Zeit ein alter Mann in den Stadtpark kam, sich auf die gleiche Bank setzte und zuerst sein Sand-

wich aß und dann den Rest davon an die Vögel verfütterte.

Auch heute kam der alte Mann in den Park und steuerte zielstrebig auf die Bank zu, auf der nun aber die Frau saß. Zuerst zögerte der alte Mann, setzte sich dann aber wie gewohnt auf seine Bank. Die Frau wollte schon aufstehen, denn normalerweise saß der alte Mann alleine auf der Bank, wenn er sein Sandwich aß. Da sagte der alte Mann zu der Frau: „Wenn du dein Leben verändern willst, musst du deine Gewohnheiten ändern. Aber das ist gar nicht so einfach, denn Gewohnheiten sind wie Spinnennetze. Die Fäden sind vom Auge kaum zu erkennen, aber trotzdem sind wir in ihnen gefangen, ohne es zu merken."

*Kaum hatte der alte Mann die Worte gesprochen, begann er, wortlos die Vögel zu füttern. Der Frau war es nicht mehr ganz geheuer auf der Bank. So stand sie auf und wanderte hinunter zum Fluss.
Am Fluss angekommen, setzte sich die Frau auf eine Bank und wartete auf die kleine Fähre, mit der die Parkbesucher den Fluss überqueren konnten. Und schon bald kam der Fährmann angefahren und machte die Fähre mit einer Kette fest.*

Der Fährmann half der Frau in die Fähre, und die Frau setze sich auf einen Stuhl in der Fähre. Die Frau blickte sehnsüchtig in die Richtung des anderen Ufers und wartete darauf, dass die Fähre bald losfahren werde. Als die Fähre nach einer gewissen Zeit immer noch nicht losfuhr, drehte sich die Frau um und wollte den Fährmann bitten, endlich los zu fahren.
Doch der Fährmann dachte nicht daran, loszufahren, sondern sagte mit ruhiger Stimme: „Wenn du dein Leben verändern willst, musst du dich von den Ketten deiner Gewohnheiten lösen. Doch dies ist gar nicht so einfach, denn an die stärksten Ketten haben wir uns schon in der Kindheit gewöhnt und glauben nun, diese seien uns angeboren."

Der Frau war es nicht mehr ganz geheuer in der Fähre. So stand sie auf und lief zurück zur Bank, wo der alte Mann immer noch die Vögel fütterte. Der alte Mann schien die Frau schon zu erwarten, mit ruhiger Stimme sagte er: „Wenn du dein Leben verändern willst, darfst du vor deinem Leben nicht davonrennen. Vor deinem Leben davonzulaufen, ist genauso mühselig und sinnlos wie in einer noch angebundenen Fähre zu rudern. Du wirst nie dort ankommen, wo du hinwillst, und vor allem wirst du deine Kräfte unnütz verschwenden, bis du eines Tages erschöpft aufgeben musst."

Etwas ratlos fragte die Frau: „Was soll ich denn machen?" Der alte Mann klatschte in die Hände, sodass die Vögel damit aufhörten, die Reste des Sandwichs zu picken und sich in die Luft erhoben. Mit einem Lächeln auf der Lippe sagte der alte Mann: „Hör auf, Reste zu picken und finde heraus, was deiner Seele Flügel verleiht."

Autor Franz Erni

Selbstführungsimpulse unplugged: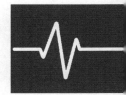

Wie reagierst du auf das Wort „Change"?

Macht es dich betroffen, ängstlich oder sogar panisch? Treibt dir schon der Gedanke, dich nur ein wenig aus deiner Komfortzone herauszubewegen – in welchem Lebensbereich auch immer – Schweißperlen auf die Stirn? Willst du nur eines, nämlich unbedingt und absolut den Status quo beibehalten und dich weiterhin in ausschließlich vertrauten Gefilden bewegen?

Wenn das so ist, denke doch einmal darüber nach, ob in einem von alten Gewohnheiten geprägten Lebensumfeld neue Ideen und damit neue Erfolge entstehen können? Mit hoher Wahrscheinlichkeit ist das nicht der Fall. Wer sich in bewährten Fahrwassern bewegt, sagt Adieu zur eigenen Entwicklung und gibt sich dem Stillstand hin. Willst du das wirklich?

15

Wer sich erfolgreich selbst führen will, muss akzeptieren, dass es nicht in der Natur des Menschen liegt, im dauerhaften Glücksrausch zu verweilen.

Glücklich unglücklich oder unglücklich glücklich?

Glücklich sein macht erfolgreich. Glücklich sein ist machbar. Und zwar für jeden! Seit Jahren singen Vortragsredner, Autoren und diverse Berater ein Loblied auf das Glück. Doch, ist es wirklich so einfach? Können wir uns vornehmen, glücklich zu sein? Manche Menschen sehen einfach nur schwarz, andere wiederum betrachten alles, was auf sie zukommt, durch einen rosa Glücksnebel. Durch welche Brille lohnt es sich betreffend unser Leben denn nun wirklich, durchzusehen? Gibt es zwischen den extremen Farbnuancen Pretty Pink und Nachtschwarz auch noch Zwischenschattierungen?

Bist du nicht glücklich – bist du nichts?

Nur wer glücklich ist, hat Spaß an der Arbeit und wird erfolgreich sein. Firmen, die glückliche Mitarbeiter haben, brauchen sich um ihre Zukunft nicht zu sorgen. Glück bringt Leistung. Das ist seit Jahren die ewig prophezeite Botschaft, die wir inzwischen verinnerlicht haben. In den Buchläden finden sich meterweise Glücksratgeber in den Regalen. Die tragische Grundbotschaft dieser Werke: „Nicht glücklich zu sein, ist ein Makel, den es um jeden Preis zu verhindern gilt!" Das Streben nach dem großen Glück blockiert uns jedoch ungemein! Wer auch einmal seiner miesen Laune nachgibt, ist oft erfolgreicher als der ewig Glückssuchende oder als der sich ständig als mega glücklich Ausgebende. Erfolgreicher – und vor allem glücklicher!

Die vielen Glücksratgeber machen letztlich nur eins – kreuzunglücklich. Wer für sein Glück und seinen Erfolg etwas tun will, sollte von diesem ständigen Streben nach Glück endgültig Abstand nehmen und sich mit dem Gedanken anfreunden, dass ein Leben ohne Schattenseiten – also ein Leben des reinen und puren Glückzustandes – erstens nicht machbar und zweitens gar nicht wünschenswert ist.

Warum dauerhaft glücklich sein nicht funktionieren kann

Wer versucht, dauerhaft glücklich zu sein, wird erst recht unglücklich. Versuche doch einmal ein kleines Experiment. Versetze dich bildlich auf eine Karibikinsel mit weißem Sand, blauem Wasser und allen nur erdenklichen Annehmlichkeiten. Und jetzt stell dir vor, dort dauerhaft glücklich zu sein. Du wirst bald merken: Dauerglück ist auch auf der Insel nicht machbar! Entweder würde dir sehr bald irre langweilig werden oder du würdest aus heiterem Himmel schlechte Laune bekommen. Und diese Inselidylle mit jedem Tag derselben Aussicht und demselben Wetter würde beginnen, dich unfassbar zu nerven. Die Idee, nur glücklich zu sein, funktioniert ganz einfach nicht. Das ist nicht vorgesehen und liegt auch gar nicht in der Natur des Menschen. Dauernd gut drauf zu sein, wer diesen hohen Anspruch an sich hat, der ist schon zum Scheitern verurteilt. Wer sich ständig fragt, ob er glücklich ist, wird sich außerdem seiner unglücklichen Momente stärker bewusst. Fazit: Je mehr wir danach streben, glücklich zu sein, desto weniger sind wir es.

Die wichtige Fähigkeit, aus Unglück zu lernen

Die meisten Strategien der Glückspropheten sind natürlich nicht grundlegend falsch. Nur, zu einseitig angewendet, bewirken sie oft das genaue Gegenteil. Es geht auch nicht darum, wer die besseren Tipps für das Erreichen von Glückzuständen geben kann, sondern darum, einen realistischen Umgang mit dem Glücksbegriff zu pflegen! Ein erster Schritt dazu könnte es sein, den Glauben daran aufzugeben, dass wir es ganz allein in der Hand haben, ob wir glücklich sind oder nicht. Weil, für den, der das glaubt, wiegt jeder Misserfolg mehrfach. Der ständige Gedanke „Ich muss es doch schaffen, glücklich zu sein!" – ist eine der Hauptursachen für Depressionen und Burnouts.

Die dauerhafte Fokussierung auf das Glück – in nahezu blinder Positivität – verleitet uns dazu, schwierige und leidvolle Erlebnisse zu verdrängen und sich damit nicht auseinanderzusetzen. Wir verlieren dadurch den richtigen Umgang damit. Tiefgreifendes Selbstwachstum basiert aber auf der klaren Auseinandersetzung mit auch schwierigen Umständen.

Da wir nicht ständig glücklich sein können, dies aber mit aller Kraft anstreben, gleiten wir leicht in einen Zustand lähmender Selbstzufriedenheit ab, in dem wir nichts mehr hinterfragen, denn wir sind ja annähernd glücklich. Es sind aber eklatantes Scheitern und klirrende Misserfolge, die uns antreiben, Dinge anders zu machen, etwas Neues zu versuchen und dadurch zu neuem Erfolg zu kommen. Wahrlich große Leistungen entstehen oft in extrem schwierigen Situationen. Und nicht in der rosigen und heiligen Welt des ewigen Glücks.

Zur Klarsicht-Brille greifen

Dies soll nun kein Aufruf zum Verharren im Unglück sein! Wir dürfen und sollen das Bestreben haben, glücklich zu sein! Aber mit Maß und Ziel und mit der entsprechenden Klarheit, um die Wahrheit und Schönheit des echten und temporären Glücks zu erkennen, wenn es uns streift!

Dazu brauchen wir weder eine rosa noch eine schwarze Brille. Empfehlenswert wären eine Brille mit Klarsicht und eine Portion gesunder Realismus. Dadurch relativiert sich automatisch unser Umgang mit Glück. An manchen Tagen oder mal eine Woche total mies drauf zu sein, gehört einfach zum Pendelschlag des Lebens dazu.

Wenn das Glück auftaucht – dann nimm es dir einfach, ohne zu hinterfragen, ob du es auch verdienst!

Hans im Glück

Hans hatte sieben Jahre gedient und wollte nun wieder nach Hause zur Mutter. Und da er sehr fleißig gewesen war, belohnte sein Meister ihn fürstlich. Er gab ihm einen Klumpen Gold, der so dick war wie Hansens Schädel. Hans knüpfte den Schatz in ein Tuch, warf die kostbare Last über die Schulter – und war sehr glücklich.

Mit der Zeit aber spürte er, dass das goldene Gepäck ihn ganz schrecklich drückte. Da war er nicht mehr so ganz zufrieden. Da kam ein Reitersmann daher. Wie herrlich ist so ein Pferd! Man braucht nicht zu gehen. Man kann einfach sich tragen lassen. Man stößt sich nicht an spitzen Steinen. Man nutzt seine Schuhe nicht ab. Hans tauschte das Gold gegen das Pferd – und war sehr glücklich. Plötzlich ritt ihn der Teufel. Er spornte das Tier zum rasenden Galopp an. Prompt warf das Pferd ihn ab. Da war er nicht mehr zufrieden.

Und es kam ein Bauer daher mit einer Kuh. Wie herrlich ist so eine Kuh! Man kann gemächlich hinter ihr her spazieren; und wenn es einen gerade gelüstet, hat man Milch und Butter und Käse. Hans tauschte das Pferd gegen die Kuh – und war sehr glücklich.

Mittlerweile war es recht heiß geworden. Hans brauchte eine ganze Stunde, um über das Moor zu kommen. Die Zunge klebte ihm am Gaumen. Aber gerade dafür hatte er ja die Kuh. Er band sie also an einen Baum und hielt ihr seine lederne Kappe unter; doch nicht ein einziger Tropfen Milch war aus ihr herauszubekommen. Schließlich wurde das Tier noch ganz ungemütlich und versetzte ihm mit dem Hinterbein einen solchen Tritt gegen den Kopf, dass Hans völlig benommen war. Da war er nicht mehr zufrieden mit der Kuh.

Und es kam ein Schlächter daher mit einem jungen Schwein. Wie herrlich ist so ein Schwein! Schweinefleisch schmeckt viel besser als Rinderbraten. Und dann diese Schweinewürste! Hans tauschte das Ferkel gegen die Kuh – und war sehr glücklich.

Jetzt kam einer des Weges mit einer Gans, die seit acht Wochen Fettleber gemacht hatte. Wie herrlich ist so eine Gans! Und das war eine ganz und gar unverdächtige Gans – während sein Schweinchen, wie Hans nun hören musste, dem Bürgermeister der Nachbarschaft gestohlen worden war. Da war er nicht mehr zufrieden mit dem Schwein. Er genoss schon im Voraus den Gänsebraten und das Gänseschmalz und die weißen Federn der Gans, aus denen das weichste Kissen entstehen kann. Er tauschte das „gefährliche" Schwein also gegen die vielversprechende Gans – und war sehr glücklich.

So kam er an das letzte Dorf vor der Heimat. Da stand ein fröhlicher Scherenschleifer. Der war glänzend gelaunt, weil, wie er Hans erzählte, Handwerk so einen goldenen Boden habe. Da war Hans nicht mehr zufrieden mit der Gans. Er tauschte sie gegen zwei Schleifsteine – und war sehr glücklich.

Die Steine wurden schwerer bei jedem Schritt. Er wurde müde und hatte großen Durst. Da war er nicht mehr zufrieden mit den Steinen. Schließlich fand er einen Brun-

nen, legte seine Habe auf den Rand und beugt sich nieder zum Trunk.

Mit einer ungeschickten Bewegung stieß er die Steine in die Tiefe – und war sehr glücklich. Er kniete nieder und dankte seinem Schöpfer, mit Tränen des Glücks in den Augen. Und er sagte zu sich: Ich bin ein Sonntags-Kind; immer, wenn etwas schief zu gehen drohte, kam der Richtige des Weges. Leichten Herzens, frei von jeder Bürde, kam er glücklich zu Hause an. Und hier endet die Geschichte von „Hans im Glück".

Gebrüder Grimm, Kinder- und Hausmärchen, Große Ausgabe, Band 1, 1850

Selbstführungsimpulse unplugged: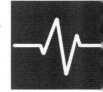

Wie ist das bei dir? Welche Brille hast du für dich gewählt?

Die mit dem rosaroten, positiv-glücklichen Zukunftsblick oder die rabenschwarze des Unglücks? Agierst du wie Hans in der Geschichte und kannst allen Geschehnissen und Situationen einen glückreichen Aspekt abgewinnen? Oder versinkst du bei den geringsten Anzeichen von Misserfolg in abgrundtiefe Verzweiflung, glaubst dich vom Glück für immer verlassen und betrittst ein tiefes Jammertal?

Oder hast du als klar denkender, in richtig dosierter Selbstführung verhafteter Mensch schon erkannt, dass es beim Glück wie beim Gift auf die richtige Dosierung ankommt? Wir können nicht immer glücklich sein. Das würde den Begriff des Glücks vollkommen entzaubern und unsere Momente des tiefen reinen Glücks auf ein unsäglich banales Niveau setzen. Wir können aber auch nicht immer unglücklich sein, dafür sind wir als Menschen einfach nicht gemacht. Wollen wir uns darauf einigen, dass wir glücklich unglücklich sein können oder unglücklich glücklich? Beides ist jederzeit möglich. Du hast die Wahl!

16

Wer sich erfolgreich selbst führen will, weiß, dass ein erfülltes Leben immer ein herausfordernder Balanceakt ist.

Auf dem Seil des Lebens tanzen

Unter Balance verstehen wir alle einen doch eher ausgeglichenen Zustand – oder ? Positiv und frei von allem Negativen. Doch ein wirklich tief erfülltes Leben entsteht erst, wenn wir Gegensätze anerkennen und zwischen diesen pendeln – zwischen Wohlgefühl und Unwohlsein, zwischen Sicherheit und Risiko, zwischen Sturm und Stille. Nur zwischen diesen Polen schwankend lässt sich schlussendlich das Glück der Mitte finden.

Die Facetten der Lebenskunst

Lebenskunst – sie erscheint vielen ganz einfach: Das Leben leichtnehmen, nicht viel darüber nachdenken, alles immer positiv sehen. Im Prinzip ist nichts dagegen zu sagen, aber Lebenskunst kann auch anspruchsvoller sein und bedeutet dann, das Leben bewusst zu führen, sich um eine realistische Sicht der Verhältnisse zu bemühen und so umsichtig wie möglich darauf zu reagieren.

Diese Art der Lebenskunst wird zunehmend zur Notwendigkeit, seit immer mehr Vorgaben fürs Leben verloren gehen: Vorgaben der Tradition (wie es früher gemacht wurde), der Konvention (wie es alle machen) und der Religion (wie Gott es befohlen hat). Diese Vorgaben hatten lange Zeit bis ins Detail geregelt, wie Leben und Zusammenleben gestaltet sein sollten. Nun aber zeigt sich vermehrt unser Anspruch auf Selbstbestimmung. Es geht dabei nicht nur darum, das Leben zu genießen, sondern es überhaupt erst zu erlernen, um eine lebbare und lebenswerte Balance zu erreichen. Und der echte Lebenskünstler, der beginnt beim Umgang mit sich selbst!

Tieferen Umgang mit sich selbst zu praktizieren, das heißt auch bewusst anzunehmen, dass der Kopf immer mit dem Körper zu tun hat. Innerhalb des Kopfes wiederum streiten sich die gegensätzlichsten Gedanken, innerhalb des Körpers die verschiedensten Teile und jeder ist ein ICH für sich. Frühere Kulturen gaben speziell für die Beziehung zwischen Kopf und Körper ein klares Herrschaftsverhältnis vor. Das Denken hatte absoluten Vorrang vor sinnlichen Bedürfnissen. Als Reaktion darauf kehren manche heute das Verhältnis schlicht um. Aber eine solche Selbstherrschaft ist wohl immer auch eine Selbstfeindschaft, denn wo Herrschaft ist, entsteht automatisch Feindschaft.

Liebe deinen Nächsten wie dich selbst

Besser mit sich umgehen zu können, mit sich befreundet zu sein, dient letzten Endes auch dem besseren Umgang mit anderen. Eine starke Beziehung zu sich ermöglicht auch starke Beziehungen zum Umfeld. Aus guten Gründen hieß es ja schon im christlichen Liebesgebot: „Liebe deinen Nächsten wie dich selbst!" Und nicht anstelle deiner selbst. Weil es vergeblich ist, sich dem Nächsten zuzuwenden, wenn nicht ein gutes Selbstverständnis die Kräfte dafür zur Verfügung stellt, die verausgabt und verschenkt werden können. Wir sollten uns davon lösen, das für bloßen Egoismus zu halten, auch wenn dabei ein wohlverstandenes Eigeninteresse im Spiel ist: Innerlich reich wird ein Mensch nicht allein durch sich, sondern durch die Zuwendung und Zuneigung anderer. Diese ist am ehesten zu erreichen, wenn das Selbst anderen auch etwas zu bieten hat und nicht nur seine innere Zerrissenheit nach außen trägt.

Fließende Balance der Lebensphasen

Die Abfolge der Lebensphasen gibt den Gegensätzen Raum, das Leben atmet und pulsiert auf diese Weise. So halten sich beispielsweise die Gegensätze von Anspannung und Entspannung die Waage. Und so verhält es sich auch mit den Phasen eines „Hinaus in die Welt" und des „Zurück zu sich selbst". Phasenweise können Menschen das Wohlsein in einer Beziehung genießen und sind dann wieder mit einem Unwohlsein in ihr konfrontiert. Das Leben wiegt hin und her zwischen den Zeiten, in denen es wunderbar, dann wieder furchtbar erscheint. Das geschieht schon bei den Lebensphasen im kleineren Ausmaß, den von Stunde zu Stunde, von Tag zu Tag wechselnden Launen und Stimmungen, die dem Einzelnen sehr zu schaffen machen. Erst recht aber bei den größeren Lebensphasen: Stürmische Entwicklungen und Phasen der Konsolidierung, Zeiten der Zuversicht und der Ängstlichkeit, des Vorankommens und der Rückschläge folgen wild aufeinander.

Und das durch das gesamte Leben hindurch, nicht nur Gelingen, auch Misslingen; nicht nur Erfolg, auch Misserfolg; nicht nur Zufriedenheit, auch Unzufriedenheit machen uns aus.

So können wir mit dem Leben mitfließen, indem wir das jeweils „Andere" nicht ausschließen, sondern von Grund auf anerkennen. Die Balance, die wir dadurch erreichen, ermöglicht uns ein heiteres und gelassenes Leben: Gelassenheit, weil wir vieles geschehen lassen können; Heiterkeit, weil wir sowohl in Zeiten der Fröhlichkeit wie auch in der Traurigkeit von Grund auf mit dem Leben einverstanden sein können und uns die Lebensfreude bewahrt haben.

Tanzen – in furchtloser Balance!

Das Geheimnis des Glücks – eine Geschichte zur Balance

Eines Tages schickte ein Geschäftsmann seinen Sohn zu dem größten Weisen weit und breit, um ihm das Geheimnis des Glücks beizubringen. Der Jüngling wanderte 40 Tage durch die Wüste, bis er schließlich an ein prachtvolles Schloss kam, das oben auf einem Berg lag. Dort wohnte der Weise, den er aufsuchen sollte. Anstatt nun einen Heiligen vorzufinden, kam der Jüngling in einen Raum, in welchem große Betriebsamkeit herrschte; Händler kamen und gingen, Leute standen in den Ecken und unterhielten sich, eine kleine Musikkapelle spielte leichte Melodien, und es gab eine festliche Tafel mit allen Köstlichkeiten dieser Gegend. Der Weise unterhielt sich mit jedem Einzelnen und der Jüngling musste zwei volle Stunden warten, bis er an der Reihe war.

Der Weise hörte sich aufmerksam seine Geschichte an, sagte jedoch, er habe im Moment keine Zeit, ihm das Geheimnis des Glücks zu erklären. Er empfahl ihm, sich im Palast umzusehen und in zwei Stunden wiederzukommen. „Aber ich möchte dich um einen Gefallen bitten", fügte der Weise hinzu und überreichte dem Jüngling einen Teelöffel, auf den er zwei Öltropfen träufelte. „Während du dich hier umsiehst, halte den Löffel, ohne dabei das Öl auszuschütten." Der Jüngling stieg treppauf und treppab, ohne den Blick von dem Löffel zu lösen.

Nach zwei Stunden erschien er wieder vor dem Weisen. „Na", fragte dieser, „hast du die kostbaren Perserteppiche in meinem Esszimmer gesehen? Und den prachtvollen Park, den der Gärtnermeister innerhalb von zehn Jahren anlegte? Und die schönen Pergamentrollen in meiner Bibliothek?" Beschämt musste der junge Mann zugeben, dass er nichts von alledem gesehen hatte, weil seine ganze Aufmerksamkeit dem Teelöffel gegolten hatte, der ihm anvertraut worden war. „Also, dann zieh noch einmal los und schau dir all die Herrlichkeiten meiner Welt genau an", sagte der Weise. „Man kann einem Menschen nicht trauen, bevor man sein Haus nicht kennt." Nun schon etwas ruhiger, nahm er wieder den Löffel und machte sich erneut auf den Weg, doch diesmal achtete er auf all die Prachtgegenstände, die an den Wänden und an der Decke hingen. Er sah den Park, die Berge ringsherum, die Vielfalt der Blumen, die Vollendung, mit der jeder Kunstgegenstand am richtigen Ort eingefügt war.

Zurück beim Weisen schilderte er ausführlich, was er alles gesehen hatte. „Aber wo sind die beiden Öltropfen, die ich dir anvertraute?", bemerkte der Weise. Als er auf den Löffel blickte, musste der Jüngling entsetzt feststellen, dass er sie verschüttet hatte. „Also, dies ist der einzige Rat, den ich dir geben kann", sagte der weiseste der Weisen. „Das Geheimnis des Glücks besteht darin, alle Herrlichkeiten dieser Welt zu schauen, ohne darüber die beiden Öltropfen auf dem Löffel zu vergessen."

Aus dem Buch „Der Alchimist" von Paulo Coelho

Selbstführungsimpulse unplugged: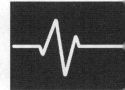

Wie fühlst du dich auf dem oft bedrohlich schwankenden Seil des Lebens?

Ausbalanciert, spielerisch tänzelnd, leicht und trittsicher voranschreitend? Ohne daran zu denken, dass sich unter dir weit und breit kein Sicherheitsnetz befindet. Sondern einfach dem Leben und dir selbst vertrauend.

Oder setzt du ängstlich einen zögerlich langsamen Schritt nach dem anderen, während du auf dem zittrigen Seil vor dich hin strauchelst? Jeden Moment das Gefühl habend, gleich in die Tiefe zu stürzen? Dorthin, wo kein sicheres Netz deinen harten Aufprall mindert?

Dasselbe Seil. Zwei völlig unterschiedliche Herangehensweisen, sich darauf zu bewegen. Welche davon ziehst du vor?

17

Wer sich erfolgreich selbst führen will, erkennt, dass Verzicht der wahre Gewinn ist.

Der Teufelskreis zwischen Tretmühle und Hamsterrad

Bist du auch – wie so viele Menschen – in deinen alltäglichen Tretmühlen und Hamsterrädern gefangen? Genau diesem Zustand wollen die meisten aber eigentlich entrinnen. Das Paradoxe daran: Die Menschen tun dann das genaue Gegenteil. Denn, sie tragen durch weiteren Aktionismus auch noch ständig dazu bei, ihre Situation weiter zu verschlimmern. Was können wir tun, um diesem Teufelskreislauf des ewigen Hamsterrades in so vielen Bereichen zu entrinnen?

Konzentration auf das Wesentliche

Der galoppierende Konsumwahn und unsere Lärm- und Betäubungsgesellschaft setzen uns zunehmend unter Druck. Das Angebot ist ja da, warum also nicht alles kaufen, was sich anbietet. Die Welt der Statussymbole lässt grüßen! In unserer heutigen Überfluss-Gesellschaft geht es deswegen auch darum, sich diesem ständig wachsenden „Muss-ich-haben"-Spirit aktiv entgegenzustellen und sich auf das wirklich Wichtige im Leben zu konzentrieren. Und zwar nicht, weil wir dies müssen, sondern weil wir es wollen! Das bedeutet jedoch nicht, komplett in Askese zu leben.

Die rasende Überforderung des Alltags, das „immer mehr" erleben viele Menschen inzwischen als eine abgekoppelte Entwicklung von Sinn. Viele glauben, die Menge macht den Wert aus. Genau das Gegenteil ist der Fall. Es gibt eine Unmenge an schönen Dingen, die wir uns selbst kaputt machen, weil wir viel zu viel davon konsumieren und dadurch bald Langeweile aufkommt. Deswegen sollten wir gründlich darüber nachdenken, welche Dinge wir brauchen und welche nicht. Nur so können wir herausfinden, was uns wirklich wichtig ist und uns darauf konzentrieren.

5, 10, 1.000 oder doch 10.000?

Wie viel brauchst du eigentlich, um zufrieden zu sein? Reichen 5, 10, 1.000 oder sind es 10.000 Dinge? Viele Menschen fühlen sich nur dann glücklich, wenn sie umgeben von der üppigen Sammlung ihrer Dinge leben. Allein schon der Gedanke auf Verzicht löst Stress aus. Dabei ist die Frage „Wann ist es denn genug?" eine sehr spannende. Spürst du überhaupt noch, wann es genug ist, oder ist es vielleicht gar schon zu spät, weil du viel zu viel an Dingen, Wünschen und Statussymbolen angehäuft hast? Auch das ist ein Hamsterrad, in dem man sich sehr leicht verfangen kann.

Falls dies so ist: Wo findest du die Notbremse oder sogar den Rückwärtsgang, um diesen Überfluss zu reduzieren? Empirische Studien belegen, dass es sich auf alle Fälle lohnt, sich damit zu beschäftigen. Die Studien zeigen, dass wachsender materieller Wohlstand und die enorme Auswahl an Konsumprodukten die Psyche deutlich belasten bzw. sogar überfordern, anstatt sie zu bereichern.

Einzel-Tasking statt Multi-Tasking

In so vielen Bereichen müssen wir Entscheidungen treffen, neuen Trends folgen, Eindrücke verarbeiten und – was inzwischen viele am meisten stresst – das ständige soziale Abgleichen durchführen. Bin ich erfolgreicher, attraktiver oder wohlhabender als andere? Dieses Multitasking des permanenten Bewertet-Werdens und sozialen Positionierens wird so zum beschwerlichen weiteren Hamsterrad, von dem wir nicht so richtig wissen, wie wir es verlassen können.

Viele Führungskräfte verwechseln das starre Hamsterrad mit der strahlenden Karriereleiter. Wer den Überblick über sein (Arbeits-)Leben verloren und dadurch oftmals unbewusst bereits im Hamsterrad Platz genommen hat, der sieht es ja nur mehr von innen. Und da ähnelt es verblüffend der Karriereleiter. Leider kommt man darin nicht nach oben, sondern dreht einsame Runden, während die Kräfte schwinden.

Doch es gibt durchaus ein Licht am Ende dieser Entwicklung. Immer mehr Menschen fühlen sich extrem belastet und wollen deswegen bewusst aus diesem Dauerstress aussteigen. Oftmals leider erst durch eine Krise, wie eine Stresserkrankung, Burnout oder basierend auf dem Gefühl der totalen Überforderung. Immer mehr Menschen aber erkennen die Situation, in die sie geschlittert sind und ziehen rechtzeitig die Reißleine.

Das Zauberwort: Entschleunigung

Mit dem Konsumstress, den wir grenzenlos leben, können wir in Wirklichkeit gar nicht umgehen, da die Verlockungen dieser Glitzerwelt übermächtig sind. Das schwächt uns in vieler Hinsicht. Es gilt, sich selbst Grenzen zu setzen, sich auf das Wesentliche zu konzentrieren und unsere geistigen, psychischen wie unsere materiellen

Ressourcen bewusst und sparsam einzusetzen. Das Zauberwort dabei heißt Entschleunigung.

Entschleunigung im Sinne von alle Situationen annehmen, wie sie sind, wieder einen Blick für die kleinen Dinge des Alltags entwickeln und generell mit weniger zufriedener sein. Loslassen lernen, den Konsum wieder auf ein wohltuendes Maß zurückfahren. Das sind entscheidende Aspekte, um Selbstwirksamkeit und Selbstführung zu erleben – und all das schafft wiederum Resilienz gegen Konsumverlockungen aller Art.

Ballast abwerfen und leichten Fußes aus der Tretmühle steigen!

Weit gereist

Er war ein vielgereister Mensch. Zahlreiche Sehenswürdigkeiten hatte er gesehen, fast jedes Touristenziel hatte er besucht. Darauf war er stolz und erzählte gerne davon. Auf einer seiner Reisen kam er auch in ein Kloster. „Mal sehen, was die Schönes zu bieten haben." Ein Mönch begrüßte ihn und erkundigte sich, woher er käme. Er erzählte von seiner Heimat und von seinen weiteren Reisezielen und beschrieb mit großartigen Worten deren Sehenswürdigkeiten.

Der Mönch blieb unbeeindruckt. „Hätten Sie nicht auch einmal Lust, fortzufahren und die Welt zu sehen?", fragte der Vielgereiste. „Nein, das brauche ich nicht.", erwiderte der Mönch. „Ich reise nur nach innen. Dort finde ich alles Großartige dieser Welt."

Quelle unbekannt

Selbstführungsimpulse unplugged: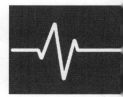

Wie viel besitzt du? Was gehört dir alles?

Hast du noch den vollen Überblick über deine Garderobe, deine Schuhe, Handtaschen, Gürtel, Möbel, Wohn-Accessoires und was ein vermeintlich erfolgreiches Leben sonst noch so ausmacht? Und vor allem, nimmst du dir noch die Zeit, dankbar zu sein für alles, was du dein Eigen nennst? Vermutlich nicht. Wer den Überblick über sein Hab und Gut verloren hat, kann das Ausmaß der erforderlichen Dankbarkeit ja gar nicht erkennen!

Betrachte dich doch einmal nackt und bloß, ohne alle deine Besitztümer und Errungenschaften, die materiellen wie die geistigen, und schau dir an, wer dann vor dir steht. Magst du diese Person?

18

Wer sich erfolgreich selbst führen will, gönnt sich regelmäßig Auszeiten, die neue Kraft und Energie schenken.

Hoch hinauf und Ruhe finden

Der Blick frei, die Luft frisch, das Gehirn arbeitslos. Sowas nennt sich nicht Ruhe, sondern innerer Frieden. Bekommst du Lust darauf?

„Auf der Alm gibt's keine Sünden", heißt es doch. Außer jene, die man selbst begeht! Weil man den Wecker nicht abgedreht hat und damit dem Hahn ins Handwerk pfuscht. Weil man mit den Gedanken noch tief im Tal bei der Arbeit hängt. Dabei brauchst du dich nur dieser prallen Überdosis frischer Luft aus vollen Lungen hingeben. Und dem fantastischen Gefühl, dich endlich, endlich nach dem Verharren in dumpfen Büros, austoben zu dürfen. Dich zu bewegen. Zu spüren, wie das Gras die nackten Fußsohlen kitzelt. Wie die Sonne das Gesicht wärmt. Wie die Berge Kraft und Ruhe ausstrahlen und diese auf dich übertragen. Wie der Baum, unter dem du gerade sitzt und ins Tal blickst, dir den überarbeiteten Rücken stärkt. Urlaub in den Bergen! Probiere es aus!

Die Natur spüren und schmecken

In das Leben der Bauern eintauchen. Bei der Heuernte helfen, Brot backen und dabei sein, wenn Käse gemacht wird. Und sich freuen, dass es in dieser schnelllebigen Welt doch noch etwas gibt, das viel Zeit zum Reifen braucht. Das Staunen über die Anzahl der Wildkräuter und deren mögliche Verarbeitung. Und immer wieder der Geschmack der Natur, der dich daran erinnert, wie du als Kind Pilze und Beeren gesammelt hast.

Mit einer „zünftigen Jausn" von der Bäuerin verwöhnt zu werden. Frisches Brot, Joghurt, Käse, Krapfen. Und dann dieser Speck, der so ganz anders schmeckt als in der Stadt. Wie einfach und gut das Leben doch sein kann!

In den Bergen, auf der Alm, findest du alles, was du zum Leben brauchst: ein einfaches Bett, in das es sich am Abend wohlig müde sinken lässt, einen ordentlichen Hunger, um all die Genüsse, die von den Bauern hergestellt werden, probieren zu können. Und natürlich Bewegung nach Lust und Laune. Sich alles, was noch belastet, von der Seele zu laufen oder einfach nur mal müßig die Berge zu bestaunen.

Sobald du oben auf der Alm bist, finden die Berg- und Talfahrten des Alltags ein Ende!

Einfachheit nimmt nicht. Einfachheit gibt!

Ein Hauch von Abenteuer schon zum Frühstück. Den Ofen anheizen, Wasser vom Brunnen holen, im Almsee baden. Improvisationsgeist pur ist gefragt und tut deinen städtischen Komfort gewohnten grauen Zellen äußerst gut.

So eine richtig urige Almhütte, die hat es in sich. Die reißt dich so richtig aus deinem gewohnten Leben heraus. Den Lichtschalter wirst du immer wieder automatisch suchen, aber nicht finden. Die Petroleumlampe wartet schon.

Bei Kerzenschein zu Abend essen, statt fernzusehen. Dem Knistern des Feuers im Kamin zu lauschen. Ein gutes Buch lesen oder die Wanderung für den nächsten Tag planen. Schnell wirst du dich an den natürlichen Tagesablauf auf dem Berg gewöhnen. Wenn es draußen dunkel wird, geht man einfach zu Bett.

Auf der Alm können wir wieder lernen, wie es ist, wenn das Leben einfach so dahinplätschern darf.

Und der Stress geht den Bach runter

Den Kühen erste Reihe fußfrei beim Grasen zuschauen. Allein ihr beständiges Kauen des frischen Grases beruhigt deinen noch nicht ganz in die Stille gekommenen Geist. Bist du schon ganz bei dir angekommen? Zum Beispiel an den Punkt, an dem du nichts mehr in Frage stellst, weil du nur du bist, ausnahmsweise ohne Plan, Timer, Computer und Flipchart. Du entscheidest nur mehr über die kleinen Dinge des Lebens. Zum Beispiel: Ob es als Nächstes interessanter ist, zum Bauern zu schlendern und ihm bei der Arbeit zuzusehen, oder Dich einfach ins Gras zu legen und den Duft der Kräuter tief in deine Lungen einziehen zu lassen.

Die Natur gibt Frieden. Der Stress geht den Bach runter. Du bist auf der Alm!

Die anderen Brücken

„Du hast einen schönen Beruf", sagte das Kind zum alten Brückenbauer. „Es muss schwer sein, Brücken zu bauen." „Wenn man es gelernt hat, ist es leicht", sagte der alte Brückenbauer. „Es ist leicht, Brücken aus Beton und Stahl zu bauen."

„Die anderen Brücken sind viel schwieriger", sagte er, „die baue ich in meinen Träumen." „Welche anderen Brücken?", fragte das Kind. Der alte Brückenbauer sah das Kind nachdenklich an. Er wusste nicht, ob es verstehen würde.

Dann sagte er: „Ich möchte eine Brücke bauen von der Gegenwart in die Zukunft. Ich möchte eine Brücke bauen von einem zum anderen Menschen, von der Dunkelheit in das Licht, von der Traurigkeit zur Freude. Ich möchte eine Brücke bauen, von der Zeit in die Ewigkeit, über alles Vergängliche hinweg." Das Kind hatte aufmerksam *zugehört. Es hatte nicht alles verstanden, spürte aber, dass der alte Brückenbauer traurig war.*

Weil das Kind ihn wieder froh machen wollte, sagte es: „Ich schenke dir meine Brücke." Und das Kind malte für den Brückenbauer einen bunten Regenbogen.

Von Anne Steinwart

Selbstführungsimpulse unplugged: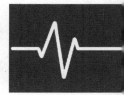

Wie oft machst du Pause?

Wie oft gönnst du dir Auszeiten? Wie oft stellst du nur dich in den Vordergrund deines Lebens und lässt alle Verpflichtungen für kurze Zeit los und sein? Nein, das ist nicht egoistisch. Das ist lebensnotwendig! Überlebensnotwendig sogar.

Nur im Stillstand deiner Gedanken, im Nichts-Tun, wenn wahre Ent-Spannung eintritt, kannst du Klarheit und Wahrheit darüber gewinnen, was du im Leben wirklich erreichen willst. Der Blick auf die umliegende Bergwelt kann dabei helfen. Der Blick auf einen See oder das Meer auch. Wann fährst du hin?

19

Wer sich erfolgreich selbst führen will, sollte nach permanenter Optimierung streben, ohne dabei jedoch in Atemnot zu kommen.

Optimierungszwang – wenn die Büchse der Pandora knallt

Wir stehen alle unter Optimierungszwang. Damit haben wir aber schon die „Büchse der Pandora" geöffnet. Und versuchen nun, in einem seltsamen Reigen den allgemeinen Kontrollverlust im Zeitalter der generellen Beschleunigung und des Steigerungswahns in den Griff zu bekommen.

Schuld ist das Internet

Die Menschen werden so alt wie nie, der Wohlstand in der westlichen Welt ist breiter verteilt denn je, und wir haben enorm viel Freizeit. Trotzdem fühlen sich viele Menschen gehetzt, verunsichert und ausgebrannt. Was ist der Auslöser? Daran kann ja nicht alleine das Internet und das hohe Tempo, das es uns allen vorgibt, schuld sein. Nein, das hat andere Gründe. Je reicher eine Gesellschaft geworden ist, desto mehr wollen Menschen erwerben oder tun und erleben. Seit dem 18. Jahrhundert ist die Moderne systematisch auf Steigerung angelegt, Steigerung von Wohlstand wie von Gütern.

Ein durchschnittlicher europäischer Haushalt umfasste um 1900 etwa 400 Gegenstände. Heute dagegen sind es in etwa 10.000. Was ebenso exorbitant gestiegen ist, ist die Anzahl der Handlungsmöglichkeiten, die uns zur Verfügung stehen, sowie natürlich unsere zahlreichen Kontakte. Und das Ganze passiert auch noch unter sehr hohem Wettbewerbsdruck. Die Gesellschaft verteilt ihre Ressourcen, also Güter, Produktionsmittel, aber auch Privilegien, Lebenschancen, Anerkennung und Positionen. Und da greift natürlich wieder einmal das Leistungsmantra von noch schneller, noch höher, noch stärker. Denn: „Die Konkurrenz schläft nie!"

War die Eisenbahn wirklich zu schnell?

Bei der Einführung der Eisenbahn prophezeiten Kritiker, dass so eine Geschwindigkeit von Menschen nicht ausgehalten werden könnte, ohne verrückt zu werden. Heute ist die Bahn im Vergleich zum Flugzeug ein Mittel der Entschleunigung! Im Leben geht es generell aber weniger um ein ständig höheres Tempo als um die Frage, wie viel Mitsprache wir haben, wenn es schon wieder mal eine Runde schneller sein darf. Grundsätzlich gilt, dass Beschleunigung eine Entwicklung ist, die hohe Chancen eröffnet. Aber die gefühlte Machtlosigkeit, keinen Einfluss auf Situationen und ihr Tempo zu haben, führt bei uns oft zum Gefühl des Ausgeliefertseins. Das ist das eigentliche Problem – wir wollen unser Tempo selber bestimmen und optimieren und dieses nicht von außen aufgezwungen bekommen. Tempo und Optimierung per se gefallen uns natürlich –weil, wer will schon eine langsame Achterbahn oder ein lahmes Internet?

Die optimale Welle reiten

Die Stabilität, in der wir leben, nimmt ab. Die klassische Vorstellung eines selbstbestimmten Lebens war: Man steht am Ufer eines Ozeans, sucht nach seiner Insel und sagt: „Da will ich hin mit meinem Leben!"

Aber genau diese Vorstellung von einer Insel, auf die dein Leben zusteuern soll, ist heutzutage die falsche Idee von Autonomie. Wirkliche Optimierung und Selbstbestimmung bedeuten, sich bewusst zu sein, dass auf dem Weg durch den Ozean alles Mögliche passieren kann, was nicht vorhersehbar ist, was nicht in deiner Macht steht. Optimale Selbstbestimmung bedeutet, sich zu dem, was vor sich geht, in Beziehung zu setzen und es zu gestalten. Entscheidend ist immer, wie du auf der Welle reitest und nicht wie schnell oder wohin.

Keine Ziellinie in Sicht

Der Kapitalismus benötigte eine Steigerungslogik. Das trifft es doch besser als nur „Beschleunigung". Denn dieser Ausdruck umfasst Wachstum, Beschleunigung und Innovationszwänge. Im 18. Jahrhundert hatte das Sinn, es machte das Leben aller Menschen besser. Aber jetzt dreht sich das zunehmend, kollektiv und individuell. Jetzt müssen wir das Wachstum an sich permanent steigern. Wieso eigentlich?

Das sollten wir wirklich überprüfen. Es geht ja längst nicht mehr darum, irgendeine Knappheit zu beseitigen. Stattdessen heißt es, wir untergraben unsere Innovationsfähigkeit, wenn wir nicht mehr und schneller wachsen. Aber warum müssen wir überhaupt wachsen? Ganz einfach: Damit wir nicht zurückrutschen in alte Zeiten – ein wahrer Teufelskreis. Dieses Dogma – ich muss immer noch mehr leisten, meine Arbeit weiter und weiter optimieren – wirkt sich auf die Menschen katastrophal aus.

Wer in diesem Zwangskreislauf gefangen ist, der läuft längst nicht mehr auf eine Ziellinie zu, sondern von einem Abgrund weg!

Beppo der Straßenkehrer

Er fuhr jeden Morgen lange vor Tagesanbruch mit seinem alten, quietschenden Fahrrad in die Stadt zu einem großen Gebäude. Dort wartete er in einem Hof zusammen mit seinen Kollegen, bis man ihm einen Besen und einen Karren gab und ihm eine bestimmte Straße zuwies, die er kehren sollte. Beppo liebte diese Stunden vor Tagesanbruch, wenn die Stadt noch schlief. Und er tat seine Arbeit gern und gründlich. Er wusste, es war eine sehr notwendige Arbeit.

Wenn er die Straßen so kehrte, tat er es langsam, aber stetig: Bei jedem Schritt ein Atemzug und bei jedem Atemzug einen Besenstrich. Schritt - Atemzug - Besenstrich. Schritt - Atemzug - Besenstrich. Dazwischen blieb er manchmal ein Weilchen stehen und blickte nachdenklich vor sich hin. Und dann ging es wieder weiter - Schritt - Atemzug - Besenstrich. Während er

sich so dahin bewegte, vor sich die schmutzige Straße und hinter sich die saubere, kamen ihm oft große Gedanken. Aber es waren Gedanken ohne Worte, Gedanken, die sich so schwer mitteilen ließen wie ein bestimmter Duft, an den man sich nur gerade eben noch erinnert, oder wie eine Farbe, von der man geträumt hat. Nach der Arbeit, wenn er bei Momo saß, erklärte er ihr seine großen Gedanken. Und da sie auf ihre besondere Art zuhörte, löste sich seine Zunge und er fand die richtigen Worte.
„Siehst du, Momo", sagte er dann zum Beispiel, „es ist so: Manchmal hat man eine sehr lange Straße vor sich. Man denkt, die ist so schrecklich lang; das kann man niemals schaffen, denkt man."

Er blickte eine Weile schweigend vor sich hin, dann fuhr er fort: „Und dann fängt man an, sich zu eilen. Und man eilt sich immer mehr. Jedes Mal, wenn man aufblickt, sieht man, dass es gar nicht weniger wird, was noch vor einem liegt. Und man strengt sich noch mehr an, man kriegt es mit der Angst, und zum Schluss ist man ganz außer Puste und kann nicht mehr. Und die Straße liegt immer noch vor einem. So darf man es nicht machen."

Er dachte einige Zeit nach. Dann sprach er weiter: „Man darf nie an die ganze Straße auf einmal denken, verstehst du? Man muss nur an den nächsten Schritt denken, an den nächsten Atemzug, an den nächsten Besenstrich. Und immer wieder nur an den nächsten."

Wieder hielt er inne und überlegte, ehe er hinzufügte: „Dann macht es Freude; das ist wichtig, dann macht man seine Sache gut. Und so soll es sein."

Und abermals nach einer langen Pause fuhr er fort: „Auf einmal merkt man, dass man Schritt für Schritt die ganze Straße gemacht hat. Man hat gar nicht gemerkt wie, und man ist nicht außer Puste." Er nickte vor sich hin und sagte abschließend: „Das ist wichtig."

Michael Ende: Momo. Thienemanns Verlag, Stuttgart 1973, S.35-37

Selbstführungsimpulse unplugged: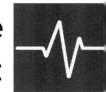

Überholst du dich manches Mal selbst?

Weil du dich dem galoppierenden Zwang des zeitgeistigen „schneller, höher, stärker"-Gedankens verschrieben hast? Gerätst du dann leicht außer Atem und musst dein Vorhaben vielleicht gar aufgeben?

Das ständige Optimieren der eigenen Leistung ist wichtig. Sehr sogar. Aber immer in dem Tempo, das dir äußerlich wie innerlich bekommt und dich ausreichend, aber nicht über alle Maßen fordert. Zur Bereitschaft, sich nackt und bloß so anzunehmen, wie man gerade ist, gehört es auch, die eigenen Grenzen zu erkennen und zu respektieren.

20

Wer sich erfolgreich selbst führen will, sollte die Spielregeln der Macht kennen.

Ohne Macht sind wir nichts

Gehörst du zu jenen Menschen, die Macht kategorisch ablehnen? Als etwas Schlechtes, Negatives, mit dem du nichts zu tun haben willst? Machtverweigerung aus Selbstschutz? Das funktioniert nicht. Denn zu glauben, eine Nicht-Beteiligung an der Macht würde dich zu einem „besseren Menschen" machen, ist der falsche Weg und dazu noch ein direkter Art Selbstbetrug. Wer sich der Macht vollkommen verweigert, wird im Leben keine großen Erfolge verzeichnen können. Es geht aber auch nicht darum, als brutaler Macht-Diktator durchs Leben zu stürmen. Was du brauchst, ist positive Machtkompetenz! Wie erhältst du diese?

Ohnmacht von Geburt an?

Kurz nachdem wir unsere ersten Blicke in die Welt getan haben, begegnen wir auch schon der Macht. Leider meist in Form von Gefühlen der Ohnmacht und Hilflosigkeit. Zuerst üben die Eltern Macht auf uns aus – dann folgen Freunde, Schulkollegen, Lehrer und später Arbeitgeber. Auch wenn wir als Kinder in einer liebevollen Umgebung aufwachsen, sind wir ständig einer definitiven Machtausübung ausgesetzt. Wir verstehen dann unbewusst, dass andere Menschen mächtiger sind als wir und fühlen uns machtlos und unterdrückt.

Es hängt von unserem sozialen Umfeld ab, ob diese Erfahrungen verkraftbar oder traumatisch sind – prägend sind sie auf alle Fälle. Erinnerst du dich? Der Schulkollege schrieb heimlich die Resultate deiner Hausarbeit ab, eine Freundin zerstörte unachtsam dein neues Fahrrad und dein Vater äußerste ein kategorisches „Nein" zum sehnsüchtig erwarteten Aufenthalt im Landschulheim. Wenn du zu spät aus der Disco zurückkamst, gab es Fernsehverbot, und später auf der Uni nutzten einige deiner Kommilitonen deine Gutmütigkeit rücksichtslos aus. Wer als junger Mensch so etwas erlebt, kann sich nur ohnmächtig und unterlegen fühlen. Begleitet wird diese Unterlegenheit oft von Emotionen wie Wut, Trotz, Scham, Hilflosigkeit, Verzweiflung oder auch Trauer. Aber fast niemand erkennt, was dahinter steckt: Es geht um pure Macht, die jemand auf dich ausübt! Das prägt dich zutiefst und wird – auch wieder unbewusst – deine Einstellung zur Macht von Kindesbeinen an nachhaltig beeinflussen.

Und dann als Erwachsener ...

Das Thema Macht ist nicht so einfach abzuschütteln. Als im Berufsleben erfolgreicher Erwachsener prasseln die nächsten Situationen auf dich ein. Ein Arbeitskollege stellt im Teammeeting deine vor einigen Tagen en passant geäußerte Idee mit stolzgeschwellter Brust als seine geistige Schöpfung vor. Dein Abteilungsleiter beordert dich an deinem freien Tag ins Büro, und bei der sicher anstehenden Beförderung wirst du zugunsten des Neffen des Vorstandsvorsitzenden übergangen. Das alles sind zutiefst machtvolle Manipulationen, in deren Fokus du dich befindest. Im Privatleben sieht es nicht viel besser aus. Schrille Konflikte und quälende Diskussionen mit dem Partner, Verwandten, Freunden und Kindern sind an der Tagesordnung. Und wieder einmal gibst du nach bei der Wahl des Kinofilms oder Urlaubsziels, um den lieben

Frieden zu wahren. Innerlich zermürbt es dich und das in der Kindheit angelegte Ohnmachtsgefühl verstärkt sich sprunghaft.

Du siehst, ob am Arbeitsplatz, zu Hause oder sonst im Leben, Macht und Ohnmacht sind im steten Wechsel omnipräsent. Wer nicht rechtzeitig gelernt hat, sich zumindest einige Grundlagen an Machtkompetenz und Machtbewusstsein anzueignen, kann daher nur schwach und wenig erfolgreich durchs Leben gehen.
Willst du das?

Ohne Macht keine Zielerreichung

Ohne Macht könnte niemand seine Ziele erreichen, wenn Widerstände oder Feinde auftauchen oder sich gegen offene Übergriffe zur Wehr setzen. Paradox dabei ist, dass genau jene Menschen, die mit Macht absolut nichts zu tun haben wollen, unter der Macht, der sie ausgesetzt sind, enorm leiden. Kein Wunder, haben sie doch durch ihre vollkommene Machtverweigerung keinerlei Machtinstrumente im Repertoire, die sie in brenzligen Situationen unterstützen und weiterbringen. Ein andauernder Rückzug aus der persönlichen Kampfzone führt in letzter Konsequenz entweder zur völligen Selbstaufgabe oder langfristig doch dazu, die Macht aktiv zu ergreifen. Sich nicht an der Macht zu beteiligen, ist nämlich eine Illusion. Diese Illusion aufrechtzuerhalten, verbraucht enorm viel Kraft und Energie, die du an anderer Stelle viel besser einsetzen könntest.

Weise und machtvolle Menschen braucht das Land

Wie wirst du machtvoll? Indem du dir im ersten Schritt darüber klar wirst, wie wichtig Macht in allen Lebensbereichen ist. Und vor allem, dass Macht per se weder gut noch schlecht, sondern total wertneutral ist. Macht ist in Hülle und Fülle da, sie steht dir jederzeit zur Verfügung. Mit welchen Werten du sie belegst, das ist deine Entscheidung! Kluge machtvolle Menschen setzen ihre Machtinstrumente dabei strategisch und nie übertrieben ein und bleiben ihrem persönlichen Wertekanon treu. Sie entwickeln sich auf diese Weise zu souveränen Machtvirtuosen, die Macht nie willkürlich und despotisch ausüben, sondern sehr konziliant in ihre Verhandlungen gehen. Sollte es sich dann aber erweisen, dass eine Situation aktive Machtausübung erfordert, sind sie gewappnet und bringen ihre Überzeugungen machtvoll über die Ziellinie. Sie tun dies jedoch nie aus machiavellisch geprägten Egogründen, sondern immer um der Sache willen. Und genau das macht den Unterschied!

Machtvoll und wertebewusst zugleich agieren!

Als die Macht und die Liebe sich trennten

Die Macht und die Liebe wurden als Zwillinge geboren. Ihre Mutter war die Weisheit, ihr Vater der Mut; die Geschwister waren unzertrennlich und überall, wo sie hinkamen, schenkten sie Leben in Fülle. Wo es Streit und Krieg gab, konnten sie schlichten. Sie stifteten Frieden zwischen Parteien und Völkern, sie verteilten die Güter dieser Welt gerecht, sie machten Arme reich und Reiche glücklich. Die Macht und die Liebe waren ein Herz und eine Seele und wo sie in den Häusern der Menschen Platz fanden, da veränderte sich alles zum Guten. So wanderten sie lange Zeit durch die Welt.

Eines Tages begegneten sie auf ihrem Weg dem Neid. Der Neid hatte sich fein herausgeputzt und sah stattlich aus. Sein Gewand glitzerte in der Sonne und seine Geschmeide funkelten im Licht. „Ich sehe dich stets im Schatten der Liebe gehen", sagte der Neid zur Macht. „So kannst du nie etwas werden. Geh mit mir! Da wirst du größer und stärker. Du sollst sehen, die Menschen werden dir die Hände und Füße küssen, sie werden dir schmeicheln und Opfer bringen, sie werden dir ihre Seele verkaufen, nur um dich zu besitzen."

Die Macht war wie geblendet. Sie dachte eine Weile nach. Dann sagte sie zur Liebe: „Der Neid hat recht. Lass uns für eine Zeit auseinandergehen. Wenn wir uns trennen, kann sich jeder von uns selbständig entwickeln. Keiner ist mehr von der anderen abhängig, keiner braucht mehr auf die andere Rücksicht zu nehmen. Ich werde derweil beim Neid in die Lehre gehen. Vielleicht treffen wir uns später einmal wieder." Ehe die Liebe noch antworten konnte, waren die Macht und der Neid schon hinter der nächsten Ecke verschwunden.

Die Liebe sah noch, wie der Neid der Macht den Vortritt ließ. Ohnmächtig stand die Liebe am Wegrand und weinte. Sie spürte, dass sie allein nicht leben konnte. Wie ein Schatten legte sich die Angst auf sie, die Angst, sich zu verirren, sich zu verletzen und nicht verstanden zu werden.

Die Macht fühlte sich unterdessen frei und ungebunden. Der Neid störte sie nicht, weil er immer einen Schritt zurückblieb und ihr den Vortritt ließ. Die Macht merkte, wie sie dabei größer und größer wurde. Aber mit ihrer Größe wuchs auch ihre Kälte. Es gefiel ihr, wenn sich Menschen vor ihr verkrochen oder ihr alles opferten, um sich mit ihr zu verbünden.

Sie bestieg einen großen Thron und ließ sich über die Köpfe der Menschen tragen. Sie genoss es, umjubelt zu werden. Die Macht hatte die Liebe bald vergessen. Sie umgab sich mit Waffen und Soldaten. Sie raubte den Menschen den Frieden und vertrieb sie aus ihrer Heimat. Nur wer ihr seine Seele verkaufte, durfte sich in ihrer Nähe aufhalten und sicher fühlen. Hinter ihr aber folgte stets der Neid.

In der Welt wurde nun alles anders. Die Kriege unter den Menschen nahmen an Heftigkeit zu. Die Liebe war zu ohnmächtig, um sie zu verhindern. Viele erkannten sie nicht wieder und verwechselten sie mit Egoismus oder mit Schwäche. Sie hatte nicht mehr die Kraft, das Böse in die Schranken zu weisen. Habgier und Gleich-

gültigkeit auf der Welt wuchsen. Die Natur wurde ausgeplündert und zertreten. Es wurde dunkel und kalt in der Welt.

Menschen und Tiere begannen zu frieren. Sie wurden krank und starben einsam dahin. Da beschloss die Liebe, die Macht zu suchen, und sie machte sich auf, auch wenn der Weg weit war.

Eines Tages begegneten sie sich auf einer Kreuzung. Die Macht kam groß und gewaltig daher. Vor ihr und hinter ihr standen Wächter, bis unter die Zähne bewaffnet, die sie beschützen mussten. Die Macht sah dunkel aus. Sie war eingehüllt in einen dicken, schwarzen Mantel, ihr Gesicht war kaum noch zu sehen. Der Mantel aber war über und über mit Orden behangen. Rechts und links von ihr trug man ihre Titel, damit die Menschen vor ihr in die Knie gingen. Die Liebe nahm ihren ganzen Mut und ihre Weisheit zusammen, die sie von ihren Eltern geerbt hatte, und stellte sich der Macht in den Weg. „Du siehst unglücklich aus", sagte die Liebe und blickte der Macht gerade ins Gesicht. „Deine Augen sind finster. Früher hast du gestrahlt und warst schön."

„Geh mir aus dem Weg", sagte die Macht. „Ich kenne Dich nicht." – „Erinnerst du dich nicht", sagte die Liebe, „wie wir miteinander durch die Welt zogen? Du trugst ein leichtes Kleid; du konntest tanzen und springen; du liefst mit mir zu den Menschen, und alle nahmen uns mit offenen Armen auf. Wir konnten Frieden stiften. Und alle hatten alles gemeinsam. Du warst mit mir mächtig ohne Waffen. Du brauchtest dich nicht zu schützen, und der Neid zog nicht hinter dir her. Lass uns wieder miteinander gehen. Schicke sie alle weg, die dich jetzt umgeben und von den Menschen und von mir fernhalten. Auch ich brauche dich, denn ohne dich bin ich schwach und ohnmächtig. Ohne dich glauben mir die Menschen nicht. Sie lachen mich aus, verletzen und missbrauchen mich."

Während die Liebe diese und andere Worte sprach, wurde es der Macht immer wärmer. Und weil auch die Macht ein Kind der Weisheit und des Mutes war, taute sie langsam auf und wurde kleiner und kleiner, bis sie wieder so groß war wie die Liebe. Da glitt der Mantel von ihren Schultern und die Orden zersprangen am Boden. Die Wächter fielen wie tot um und die Titel flogen im Wind davon.

Ehe sich die Liebe und die Macht versahen, standen sie sich allein gegenüber. Da lachten sie einander an und fielen sich in die Arme. Der Neid, der die Macht begleitet hatte, war gewichen und von der Liebe war der Schatten der Angst geflohen. Seither gehen sie wieder miteinander, die Liebe und die Macht. Sie sind stark geworden, die beiden. Und wenn du sie triffst, dann ruf mich, damit ich mit euch ziehen kann.

Von Dr. Wilhelm Bruners, aus dem Gedichtband Schattenhymnus

Selbstführungsimpulse unplugged: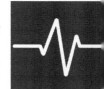

Hast du Angst vor der Macht?

Schreckst du alleine bei der Idee, eine kraftvolle Entscheidung zu treffen, schon zittrig zurück? Dann wird es höchste Zeit, an deinem Machtbewusstsein und deiner Machtkompetenz zu arbeiten. Denn ohne Macht bist du nichts und wirst auch nichts sein! Das klingt hart. Und es ist auch hart.

Wer sich nicht mit einem sinnvollen und nützlichen Repertoire der Macht umgibt und dieses genau dann weise einsetzt, wenn es der Zielerreichung dienlich ist, hat den Sinn von erfolgreicher Selbstführung noch nicht verstanden. Und steht dann in jeder Hinsicht nackt und bloß vor seinen machtvolleren Widersachern.

21

Wer sich erfolgreich selbst führen will, ist aufgerufen, die Kraft des gegenwärtigen Moments für sich zu nutzen.

Carpe diem – leichter gesagt als gelebt

Genieße den Tag! So interpretieren die meisten Menschen die Begrifflichkeit „Carpe diem". Genießen, ja das hätten wir alle gern, oder? Eine weitere Interpretation geht auch in die Richtung von „Nutze den Tag", was die Sache mit dem beliebten Carpe diem gleich wieder etwas anders aussehen lässt. Wenn wir es wortwörtlich übersetzen, heißt es sogar: „Pflücke den Tag", und so war es von Horaz ca. 23 vor Christus auch gemeint. Pflücken, das ist Aktivität. Du wirst also aufgefordert, etwas zu tun, wenn du im Carpe-diem-Spirit agierst. Im Grunde ruft Horaz mit dieser heute so populären Aussage dazu auf, die knappe Lebenszeit, die wir haben, nicht zu vergeuden und niemals auf den nächsten Tag zu vertrauen. Was er von uns zu wollen scheint, ist, im Sinne einer einfachen Lebensweise vollkommen im Hier und Jetzt zu verweilen und zu agieren und nichts auf morgen zu verschieben. Und genau das ist die Herausforderung.

73 Jahre – mehr nicht?

Genau so lange hat durchschnittlich der Mensch Zeit, sein Leben zu leben. Davon verschläft er schon 25 Jahre. Zwei Jahre bildet er sich weiter, und für den Weg zur Arbeit braucht er neun Monate. Sechs Monate verbringt er auf der Toilette, zwölf Jahre vor dem Fernseher. Zwei Jahre kurvt er mit dem Auto durch die Gegend, und sechs Monate steht er im Stau. Neun Monate spielt er mit den Kindern und verbringt vier Jahre vor dem Computer. Rechnet man unser durchschnittliches Alter in Monate um, so haben wir ca. 876 Monate vor uns. 876 Monate Zeit, um das Leben zu „pflücken", erfüllend zu gestalten und jeden Tag zu nutzen.

Ein glückliches und erfülltes Leben zu führen, ist unser höchstes Ziel. Basierend auf diesen statistischen Zahlen verweilen wir einen Großteil des Lebens aber im Land der Träume und erschreckend lang vor dem Fernseher oder im Stau. Das klingt nicht wirklich nach einem erfolgreichen Pflücken und Nutzen unserer Tage. Was können wir tun, um diesen Nutzen zu erhöhen?

Wirklich im Hier und Jetzt

Eine Möglichkeit, die Carpe-diem-Weisheit zu realisieren, ist es, tatsächlich jeden Moment unseres Lebens vollkommen im Hier und Jetzt zu verbringen. Unsere Gedanken nicht mehr ständig in die Vergangenheit schweifen lassen und sich zu überlegen, was hätte sein können. Es war nicht. Und deswegen macht es keinen Sinn, noch weiter darüber nachzugrübeln. Bleib immer im gegenwärtigen Moment, egal, was er bringt. Nimm ihn an – mit all seinen Tücken und Emotionen. Wer ständig im Schatten der Vergangenheit lebt, der vergisst, den Moment zu genießen.

Die Kraft der Gegenwart

Aber ganz so einfach ist es nun wieder auch nicht, an das Morgen keinen Gedanken zu verschwenden. Für ein erfülltes Leben ist es wichtig, Ziele zu haben und diese mit starker Selbstführung zu verfolgen. Trotzdem, sobald du deine Zukunftsstrategien entwickelt hast, solltest du dich, um diese auch zu erreichen, sofort wieder in die Gegenwart begeben. Denn nur in dieser kannst du jene Aktionen setzen, die dich in der Zukunft der Zielerreichung näherbringen werden. Dasselbe gilt auch für Zukunftssorgen. Wer Angst hat, seinen Job, seine Gesundheit oder seinen Partner zu verlieren, muss in der Gegenwart etwas dagegen tun. Im Hier und Jetzt zu leben bedeutet nichts anderes, als sich ganz bewusst mit sich selbst auseinanderzusetzen, und damit, was man gerade in diesem Moment tut oder tun sollte.

Kinder können es

Kinder leben den Carpe-diem-Gedanken sehr ursprünglich und ganz automatisch. Zumindest solange, bis sie von Erwachsenen andere Lebensmuster vorgezeigt bekommen und sich diesen anpassen. Aber in den Kinderjahren kommen wir dem, was wir schlechthin als „erfülltes" Leben bezeichnen, vermutlich so nahe wie dies später nie wieder der Fall sein wird. Ein Kind denkt nicht an gestern und auch nicht an morgen. Ein Kind ist auf eine deliziöse und urige Weise immer im aktuellen Moment. Läuft selbstvergessen einem Schmetterling nach, streichelt einen Hund oder zeichnet hingebungsvoll eine Phantasiegestalt. Ein Kind folgt der Lust und Laune des Augenblicks und tut, was ihm gerade in den Sinn kommt, ohne sich die Frage zu stellen, ob diese Aktivität auch sinnvoll ist. Kinder freuen sich über die kleinsten Dinge. Über das Gefühl von Schnee in den Händen, einen warmen Kakao, einen bunten Vogel, morschen Zweig oder schlichten Stein.

Wenn du dir jetzt, als Erwachsener diese Gabe der Kinder wieder aneignest bzw. dich daran erinnerst, dann kann das Leben noch so sehr mit Terminen vollgepflastert sein, du wirst jeden Tag etwas erblicken, worüber du dich freuen kannst. Entdeckst du das Kind in dir, wird der eintönige Alltag plötzlich wieder farbenfroh. Und wenn du eines Tages auf dein Leben zurückblickst, dann wirst du feststellen, dass du mindestens 73 Jahre wirklich gelebt hast!

Pflücken und leben!

Der König und seine zwei Söhne

Ein König hatte zwei Söhne. Als er alt wurde, da wollte er einen der beiden zu seinem Nachfolger bestellen. Er versammelte die Weisen des Landes und rief seine beiden Söhne herbei. Er gab jedem der beiden fünf Silberstücke und sagte: „Ihr sollt für dieses Geld die Halle in unserem Schloss bis zum Abend füllen. Womit, ist eure Sache." – Die Weisen sagten: „Das ist eine gute Aufgabe."

Der älteste Sohn ging davon und kam an einem Feld vorbei, wo die Arbeiter dabei waren, das Zuckerrohr zu ernten und in einer Mühle auszupressen. Das ausgepresste Zuckerrohr lag nutzlos umher. – Er dachte sich: „Das ist eine gute Gelegenheit, mit diesem nutzlosen Zeug die Halle meines Vaters zu füllen." Mit dem Aufseher der

Arbeiter wurde er einig, und sie schafften bis zum späten Nachmittag das ausgedroschene Zuckerrohr in die Halle. Als sie gefüllt war, ging er zu seinem Vater und sagte: „Ich habe deine Aufgabe erfüllt. Auf meinen Bruder brauchst du nicht mehr zu warten. Mach mich zu deinem Nachfolger."
– Der Vater antwortet: „Es ist noch nicht Abend. Ich werde warten."

Bald darauf kam auch der jüngere Sohn. Er bat darum, das ausgedroschene Zuckerrohr wieder aus der Halle zu entfernen. So geschah es. Dann stellte er mitten in die Halle eine Kerze und zündete sie an. Ihr Schein füllte die Halle bis in die letzte Ecke hinein. Der Vater sagte: „Du sollst mein Nachfolger sein. Dein Bruder hat fünf Silberstücke ausgegeben, um die Halle mit nutzlosem Zeug zu füllen.
Du hast nicht einmal ein Silberstück gebraucht und hast sie mit Licht erfüllt. Du hast sie mit dem gefüllt, was die Menschen brauchen."

Quelle unbekannt

Selbstführungsimpulse unplugged: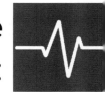

Wie sieht es mit deinen Tagen aus?

Verbringst du sie im totalen Hier und Jetzt? Bist du wirklich immer mit allen Gedanken und Taten an diesem einen Tag, in dieser einen Stunde, die dir gerade schlägt? Nicht immer – oder? Es ist ja auch keine leichte Übung. Aber mit Disziplin und hohem Selbstführungsvermögen ist es möglich, den Carpe-diem-Gedanken langfristig in dein Leben zu holen und dort auch zu verankern.

Hole dich mit Klarheit und Wahrheit sofort in den gegenwärtigen Moment zurück, sobald deine Gedankenspirale in die Zukunft abdriften will.

22

Wer sich erfolgreich selbst führen will, muss in der Lage sein, sich aus eigener Kraft aus sumpfigen Stillstandsphasen zu befreien.

Wider den Stillstand

Jeder von uns hat schon mal diese Erfahrung gemacht: Nach dem fulminanten Start eines Vorhabens geht es nur mehr zäh voran – beziehungsweise steckt man einfach fest. Neue Jahresvorsätze, die wir begeistert begonnen haben, gehören bereits am 8. Januar wieder der Vergangenheit an. Beziehungen stagnieren. Trotz harter Anstrengung im Job bleiben wir hinter unseren Möglichkeiten weit zurück. Lebensziele entfernen sich mehr und mehr und sind bald in weite Ferne gerückt. Weshalb treten wir immer wieder mal auf der Stelle?

Stillstand, was nun?

Die meisten von uns haben es schon erlebt: Ein Lieblingsprojekt kommt gerade noch gut voran – und plötzlich geht nichts mehr recht weiter. Es wird mühsam, zäh, egal, was man versucht – frustrierender Stillstand hat eingesetzt.

Ist es, weil wir keine zündenden Ideen haben, fehlt es uns an Mut, an Energie, am Talent oder haben wir schlicht und ergreifend unser Selbstvertrauen verloren? Nein, wir sind einfach in einer Stillstandsphase angekommen. Das ist zwar im ersten Moment eine beunruhigende, aber trotzdem normale Erfahrung in unserem Leben. Fast alle Menschen machen sie früher oder später durch, und das in allen Lebensbereichen. Aber, wie schaffen wir es, wieder Fahrt aufzunehmen und Wind unter die Flügel zu bekommen?

Stillstandsphasen sind ein Naturgesetz. Alle menschlichen Erfahrungen, die meisten unserer Aktivitäten, unterliegen diesem Gesetz. Bei fast allem, was wir tun, wechseln sich Fortschritt und Stillstand ab. Sie verlaufen so gut wie nie linear. Das Leben ist keine reine Aufwärtsbewegung. Positiv empfinden wir solche Phasen nach großen persönlichen Anstrengungen und begrüßen sie als willkommene Verschnaufpausen.

Die problematischen Stillstandsphasen in unserem Leben sind jene, bei denen wir das Gefühl haben, hinter unseren Möglichkeiten zu bleiben. Stagnation, bei etwas, das uns sehr wichtig ist und wo wir trotz größter Anstrengung keine Verbesserung mehr zu erreichen glauben.

Der Übersättigungseffekt

Eine der häufigsten Formen einer Stillstandsphase ist: „Zuviel des Guten". Zu viele Gewohnheiten, zu viel Vertrautheit, zu viel der immer gleichen Rituale, Techniken und Methoden. Dieser Effekt ist oft der Grund für Beziehungsprobleme, stagnierende Freundschaften, Schreibblockaden, erfolglose Therapien oder andere Schaffenskrisen. Die Lösung ist weder Abbruch noch Ausbruch. Nein, es geht darum, die Ursache der Sättigung zu erkunden und entsprechend gegenzusteuern.
Bei fast allen Entscheidungen in unserem Leben spielen uns psychische Faktoren wie Blindheit für komplexere Fakten, Furcht, Ängste oder Gier bei der Analyse eines Problems und viele andere „eingebaute" Defizite unseres Gehirns, immer wieder Streiche. Deswegen bringen wir uns auch immer wieder in Situationen, die wir als Stillstand empfinden. Unsere Bemühungen verlaufen im

Sand. Wir stecken fest, und wissen nicht so recht, weshalb.

Die Entscheidungsfalle

Ein auffallend simples Prinzip, das wir allerdings verleugnen, erklärt, weshalb wir immer wieder in diese Stillstandsphasen geraten. Man nennt dieses ökonomische Konzept Alternativ- oder Verzichtskosten. Mit jeder Entscheidung, die wir treffen, schließen wir andere Optionen aus. Wer nach New York fliegt, kann nicht gleichzeitig in Griechenland Urlaub machen. Wer eine Wohnung kauft, schlägt die anderen Angebote, die auf dem Markt sind, aus. Wir fragen uns dann hinterher lieber nicht, ob wir uns richtig entschieden haben. Denn wir wollen die Reue, eventuell falsch gelegen zu haben, vermeiden.

Wir können auch nicht wissen, ob eine Entscheidung langfristig richtig war. Und wir neigen dazu, die Alternativ- bzw. Verzichtskosten zu ignorieren. Deshalb verweilen wir in festgefahrenen Lebenslagen: Wir halten an einer unglücklichen Partnerschaft fest, wir investieren viel Geld in eine alte Rostlaube, die wir gekauft haben. Das psychologische Phänomen der versenkten Kosten ist weit verbreitet.

Da wir eine Niederlage oder einen Verlust nicht wahrhaben wollen, versuchen wir, doch noch eine Wende herbeizuführen. Wir hoffen, dass sich der Grundstücksmarkt erholt. Wir hoffen auf Einsicht beim übelwollenden Chef, der uns das Leben vermiest. Und wir hoffen auf die Versprechungen des Partners, dass er seine Eifersuchtsanfälle und Wutausbrüche besser kontrollieren kann.

Stillstand überwinden

Unser Leben besteht aus einer Reihe von Stillstandsphasen. Dies zu akzeptieren, fällt uns schwer. Ein Stillstand, ein Fehlschlag oder ein Stocken, und wir zweifeln an uns und an der Welt. Schnell sind wir dann der Meinung, dass es nichts bringt, sich weiterhin große Ziele zu setzen.

Erfolgreicher ist es, diese Stillstandsphasen als Lernchancen zu identifizieren – und sie dann auch wieder zu verlassen. Oft stecken wir in einer paradoxen Situation fest. Wir spüren diese starke Stillstandsphase, obwohl wir uns gerade besonders abrackern. Genau, wenn nichts weiter geht, dann verdoppeln wir unsere Anstrengungen nach dem Motto: Viel hilft viel. Dieser Denkfehler macht die Stillstandsphase noch frustrierender.

Stillstand lässt sich am besten durch Variation überwinden. Spitzensportler wissen, dass sich Ausdauer, Geschicklichkeit und Kraft nur verbessern lassen, wenn die Trainingsmethodik ausreichend und rechtzeitig variiert wird. Gute Trainer und Coaches sind Meister darin, die Techniken und Methoden rechtzeitig zu wechseln.

Vom Wunsch, normal zu sein

Wir befinden uns auch immer wieder in Stillstandsphasen, weil wir uns zu sehr angepasst und den sozialen Normen gefügt haben, weil wir so sein wollen, wie die anderen. Wir schöpfen unser Potential nicht aus, weil wir nicht auffallen oder nicht aus der Reihe tanzen wollen und Angst haben, eigene Wege zu beschreiten. Der Wunsch sich normal zu fühlen, geht meistens in Anpassung und Konformität über.

So gehen wir in die Falle des Sogs einer banalen Mittelmäßigkeit, die möglicherweise zwar etwas soziale Wärme abstrahlt, uns aber auch bremst und fesselt.

Wider besseres Wissen mit dem Strom schwimmen. Wirklich?

Perfekte Menschen

Ich habe von einem Mann gehört, der sein Leben lang Junggeselle blieb, weil er auf der Suche nach der perfekten Frau war. Als er siebzig wurde, fragte ihn jemand: „Du bist überall herumgereist und überall hast du gesucht. Konntest du nirgends eine perfekte Frau finden? Nicht mal eine Einzige?"

Der alte Mann wurde sehr traurig. Er sagte: „Ja, ein einziges Mal bin ich einer begegnet. Aber was soll man machen? Sie war auf der Suche nach dem perfekten Mann."

*… und die Moral von der Geschicht' ?
perfekte Menschen gibt es nicht …*

Quelle unbekannt

Selbstführungsimpulse unplugged: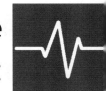

Wie gehst du mit Stillstand um?

Nimmst du ihn stoisch gelassen hin und wartest darauf, dass er sich auflöst? Oder zerrst du ungeduldig an den Zügeln des Lebens und willst in blinder Wut nach vorne stürmen, obwohl das gerade ganz eindeutig nicht möglich ist?

Beide Vorgangsweisen sind eine Option. Beide Vorgangsweisen werden dir aber nichts bringen. Stillstand mit weiterem Stillstand zu beantworten, transportiert dich in die trübe Ecke der Phlegmatiker. Gehörst du dort wirklich hin? Stillstand mit Brachialgewalt auflösen zu wollen, wird dir nur deine eigenen Begrenzungen zeigen und dich noch mehr gegen das Leben aufbringen.

Nimm den Stillstand zuerst an, genieße die Ruhe, die er mit sich bringt. Beginne dann in voller Klarheit die Situation zu analysieren und setze klare und konsequente Schritte, um das Ruder herumzureißen. Der Stillstand wird diese neue Richtung und Wahrheit verstehen und dir willig folgen.

23

Wer sich erfolgreich selbst führen will, sollte sich selbst der beste Freund sein.

Der Feind im eigenen Leben?

Total misstrauisch. Vollkommen herabsetzend. Unheimlich fordernd. So verhalten sich sehr viele Menschen. Nein, nicht anderen gegenüber. Dieser strenge Anforderungskatalog gilt uns selbst. Wir schauen in den Spiegel, und das, was wir sehen, gefällt uns nicht. Ein harscher Richter in eigener Sache blickt uns entgegen. Entweder kritisieren wir gnadenlos an unserem Äußeren herum oder können uns einen Fehler einfach nicht verzeihen. Eine beliebte Variante ist es auch, sich wegen einer vermeintlichen Peinlichkeit oder Ungeschicklichkeit ewig zu geißeln und sich mit Selbstvorwürfen zu quälen. Weshalb sind wir oft so unerbittlich zu uns selbst und stülpen uns die Rolle unseres eigenen innigsten Feindes über?

Freundlich zu sich selbst

Wie kommt es, dass wir kaum jemanden so schlecht behandeln wie uns selbst? Sind wir alle geborene Masochisten, die sich in ihren vermeintlichen Unzulänglichkeiten suhlen? Haben wir nicht mehr Selbstwertgefühl? Denn von der Art und Weise, wie man in schwierigen Zeiten über sich denkt, sind schließlich auch die eigene seelische Ausgeglichenheit und Gesundheit abhängig. Wer sich selbst kein Freund sein kann, der wird nicht nur von den eigenen „Lebensstürmen" heftiger gebeutelt, der kommt auch deutlich schwerer durch den Alltag.

Was aber ist mit „freundlich zu sich selbst" denn eigentlich gemeint? Eines bestimmt nicht, sich als Person durch eine rosarote Brille des positiven Denkens zu betrachten und sich an der eigenen Großartigkeit vollmundig zu ergötzen. Es geht darum, ein gewisses Selbstmitgefühl zu entwickeln. Das hat absolut nichts damit zu tun, passiv auf dem Sofa zu sitzen und sich haltlos zu bedauern, wenn die Dinge nicht so laufen wie gewünscht. Selbstmitgefühl ist vergleichbar mit der Empathie, die wir anderen entgegenbringen. Einer Empathie, die es uns ermöglicht, nachsichtig und geduldig zu sein mit unseren Mitmenschen. Eine Art Mitgefühl, das zur vollen Akzeptanz so mancher Unzulänglichkeiten der anderen führt. Wir können das! Warum also nicht auch uns selbst betreffend?

Sich selbst im Stich lassen

Wenn unser Lebensschiff in unruhige Fahrwasser steuert, zeigen wir in der Regel wenig Selbstmitgefühl und erlauben uns so gut wie keine Erholung oder zumindest Reflexion in dieser Situation. Wir sind im Gegenteil sofort wieder als strenge Einpeitscher unseres Lebens unterwegs und wollen das Ruder möglichst rasch herumreißen, um so schnell wie möglich wieder in ruhigere Gefilde zu kommen. Das sind dann die Momente, wo wir in unnötigen, stressigen Aktionismus verfallen und uns gleichzeitig schonungslos für unsere Ungeschicklichkeit, unsere Unaufmerksamkeit oder unsere Fehlerhaftigkeit verurteilen. Wir werden dann befeuert von der Überzeugung, dass nur diese permanente Selbstkritik uns auf Kurs hält und langfristig „besser" macht. Das ist doch krank! Angenommen, du bist über eine der vielen Hürden des Lebens gestolpert und liegst am Boden. Nachdem du dich mühevoll wieder aufgerichtet hast, ist deine erste Reaktion, dich erbarmungslos zu kritisieren, anstatt dich selber in den Arm zu nehmen und zu trösten? Ist dir überhaupt bewusst, dass du dich damit voll und ganz im Stich lässt?

Selbstmitgefühl versus Selbstmitleid

Warum lassen wir uns gerade in schwierigen Zeiten, in denen wir dringend Verständnis und Mitgefühl bräuchten, selbst im Stich? Die meisten Menschen gehen deshalb mit sich nicht sonderlich freundlich um, weil sie fürchten, egoistisch zu erscheinen. Sie haben gelernt, dass es sich nicht schickt, sich selbst wichtig zu nehmen. Das Wort „Selbstmitgefühl" löst daher bei ihnen sofortige Abwehr aus, weil es nach Weinerlichkeit und Selbstmitleid klingt. Und das hat ein schlechtes Image. Denn selbstmitleidige Menschen kreisen egozentrisch um ihr Problem, neigen zur Dramatisierung ihrer Situation und sprechen nur noch von ihrem eigenen Unglück. Kurz gesagt, sie nerven!

Selbstmitgefühl fällt den meisten Menschen auch deshalb so schwer, weil sie sich darauf konzentrieren, was andere von ihnen denken könnten. Wenn sie glauben, in den Augen anderer nicht bestehen zu können, entstehen Schamgefühle. Diese wiederum nähren die Selbstkritik, die eine akzeptierende Haltung sich selbst gegenüber erschwert. Das Selbstmitgefühl hat also viele Feinde. Um es entwickeln zu können, müssen wir wissen: Selbstmitgefühl ist nicht Selbstmitleid, ist nicht Selbstbezogenheit, ist nicht Egoismus. Selbstmitgefühl interessiert sich nicht so sehr dafür, was im Kopf anderer Menschen vor sich geht, sondern sorgt sich darum, dass die Gedanken, die man sich über sich selbst macht, nicht ins Negative abgleiten.

Dass es bei dem Konzept Selbstmitgefühl um sehr viel mehr geht, als in Krisenzeiten die gute Laune nicht zu verlieren, belegen inzwischen eine Reihe von Studien. Deren Ergebnisse bestätigen: Selbstmitgefühl hat vielfältige positive Auswirkungen auf die seelische Gesundheit und das Selbstvertrauen.

Der beste Freund

Wenn mal wieder die Selbstzweifel überwiegen, wenn wir uns selbst kritisieren und „runtermachen", ist Selbstmitgefühl ein Weg, uns aus dem emotionalen Sumpf zu ziehen. Menschen mit einer großen Fähigkeit zum Selbstmitgefühl haben Verständnis für sich, wenn es mal in ihrem Leben nicht so läuft. Sie erwarten kein Allzeithoch und sie wertschätzen sich auch dann, wenn sie gerade mal nicht so glänzend dastehen.

Das bedeutet auch, sich nicht gleichgültig zu sein, sondern sich um sich selbst zu kümmern. Für sich da zu sein, sich der Sorge für sich zu befleißigen und auf diese Weise nie allein zu sein, da das Selbst mit sich zusammenleben kann. Auch in schwierigen Zeiten denken „selbstfreundliche" Menschen nicht, dass nur sie zu den Pechvögeln gehören und alle anderen das Glück gepachtet haben.

Gedanken wie „Das kann ja nur mir passieren!" kommen ihnen erst gar nicht in den Sinn. Sie wissen, dass Scheitern und Niederlagen zum Leben gehören und irgendwann jeden Menschen treffen. Sie stellen ihre eigene momentane Situation in einen größeren Zusammenhang, indem sie akzeptieren, dass Belastungen und Leid zu jedem Leben dazugehören.

Sie sind nicht ihr eigener Feind, sondern sich selbst der beste Freund!

Selbstmitgefühl als unverzichtbare Voraussetzung für seelisches Gleichgewicht!

Das Wunder der Perle

Man erzählt sich die Geschichte einer Perle hier am Strand. Sie entstand in jener Muschel durch ein grobes Körnchen Sand. Es drang in ihre Mitte, und die Muschel wehrte sich. Doch sie musste damit leben, und sie klagte: Warum ich?

Eine Perle wächst ins Leben, sie entsteht durch tiefen Schmerz. Und die Muschel glaubt zu sterben, Wut und Trauer füllt ihr Herz. Sie beginnt es zu ertragen, zu ummanteln dieses Korn. Nach und nach verstummen Klagen und ihr ohnmächtiger Zorn.

Viele Jahre sind vergangen, Tag für Tag am Meeresgrund schließt und öffnet sich die Muschel. Jetzt fühlt sie sich kerngesund. Ihre Perle wird geboren. Glitzert nun im Sonnenlicht. Alle Schmerzen sind vergessen, jenes Wunder jedoch nicht. Jede Perle lehrt uns beten, hilft vertrauen und ver-

stehen, denn der Schöpfer aller Dinge hat auch deinen Schmerz gesehen. Nun wächst Glaube, Hoffnung, Liebe, sogar Freude tief im Leid.

So entsteht auch deine Perle, sein Geschenk für alle Zeit.

Von Sören Kahl

Selbstführungsimpulse unplugged: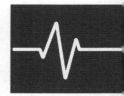

Eine direkte Gewissensfrage: Magst du dich eigentlich selbst? Und zwar immer?

Egal, was dich an Misserfolgen oder Enttäuschungen gerade ereilt – bleibst du dir selber gewogen? Gelingt es dir, die Freundschaft zur dir selbst beizubehalten oder wendest du dich feindlich gesinnt von dir ab, weil du dich jetzt gerade überhaupt und absolut nicht magst?

Das wäre fatal. Denn wie nackt und bloß wir auch vor uns stehen mögen, wir sind es immer wert, geliebt zu werden. An erster Stelle von uns selber!

24

Wer sich erfolgreich selbst führen will, muss sich selbst innere Heimat sein.

Ich bin dann mal bei mir

Kennst du das? Den Moment genießen, weit weg von den Menschen und dem stetigen Plärren der Zeit. Keine Probleme hier, keine Fragen da. Und vor allem keine Antworten! Nur Ruhe und Frieden, Gelassenheit und totales Einverständnis. Und dann dieser köstliche Gedanke: Mensch, du bist ja gerade allein. Allein mit dir – und das ist gut so.

In den „Default Mode" gehen

Es ist mal wieder an der Zeit, alleine zu sein. Nur mit sich, weil man so viel mit anderen war. Keine Bedürfnisse und Erwartungen erfüllen. Niemanden zufrieden stellen müssen. Auch gleich zu prüfen, ob man sich selbst noch erträgt. Feststellen, ob man überhaupt noch innehalten kann, ohne darüber irre zu werden. Das Hirn in den Zustand des Leerlaufs bringen. Forscher nennen diesen Zustand: „Default Mode". Wir kennen den nur von unserem Computer. Einige Tage ohne Freunde, Familie, Google, Facebook – kein Instagram und kein Kollege. Nicht verbunden, nicht vernetzt. Offline! Nur bei dir selbst.

Die Angst vor sich selbst

Es gibt viele Menschen, die sich genau davor fürchten: Vor diesen Momenten der langen Weile, der wabernden Stille, vor dem Mangel an Ablenkung. Diesem diffusen Gefühl, dass niemand etwas von dir will. Wer so tickt, der flüchtet aus Umgebungen, die Ruhe versprechen, und gerät in Panik, wenn das Handy keinen Empfang hat.

Denn, wir leben ja in immer aufgeregteren Zeiten! Das Smartphone erlaubt es uns, in jeder Sekunde beschäftigt zu sein, auch wenn wir gar nicht beschäftigt sind. Wir wissen sofort, wo wann was los ist. Wenn wir wollen, bekommen wir so ziemlich alles mit. Was wir früher einem Menschen anvertrauten, können wir heute innerhalb von Sekunden durch Knopfdruck mit tausenden von vermeintlichen Bezugspersonen teilen. Der Fokus auf das Außen verhindert, dass wir uns mit dem Inneren und der Angst, mit unseren Gedanken und Emotionen alleine zu sein, auseinandersetzen müssen.

Zeit für uns

Zeit für sich selbst! Das ist die größte Sehnsucht unserer Tage. Denn wie ein Muskel seine Kraft aus dem Rhythmus zwischen Anspannung und Entspannung bezieht, braucht es auch im Alltag ein Gleichmaß der Dinge. Nicht die Belastung allein macht uns krank oder unglücklich, sondern der Wegfall von Erholung. Das berühmte Konzept der „Work-Life-Balance" sollte an sich ein wenig Ruhe in die Unruhe bringen. Einen Ausgleich schaffen zwischen Beruf und Privatleben, mit der annähernd gleichen Zeit für Job auf der einen und Familie und Freunde auf der anderen Seite. Doch mit der zunehmenden Anforderung, die Dinge nicht nur schneller, sondern womöglich auch noch gleichzeitig zu erledigen, wird dieses Konstrukt der Balance zwischen Arbeit und dem Rest des Lebens den wahren Bedürfnissen nicht mehr gerecht.

Stets bereit sein geht nicht

Zeit nur für sich selbst, das hört sich vernünftig an, aber wann kommt man schon dazu? Chefs wollen Antworten auch dann, wenn man im Urlaub ist. Die Kollegen wollen Feedback – möglichst gestern. Freunde fordern Kontakte über Facebook. Wer unterwegs ist, hat gefälligst zu berichten. Viele Menschen setzen zwingend voraus, dass ein jeder sich einfügt in die unsichtbare Gemeinde der Verfügbaren, parat steht, hier und jetzt und subito. Diese Art von Bereitschaftsdienst führt zunehmend in die Besinnungslosigkeit.

Allein sein können

Kinder machen es vor. Sie können gut allein sein – wenn man sie lässt. Sie sind in der Lage, sich mit sich selbst zu beschäftigen, sich selbst zu trösten und zu beruhigen. Sich zu erkunden, ihre Bewegungsmöglichkeiten, ihre Gefühle. Sie üben das Riechen, Sehen, Hören, Schmecken und Fühlen. Und lernen so, auf eigenen Beinen zu stehen. Und im Gleichgewicht zu sein.

Diese Fähigkeit zur Selbstregulation ist in jedem Menschen angelegt. Viele aber haben das verlernt. Die bewusste Beschäftigung mit dem eigenen Innenleben ist uns angeboren und Selbstbestimmung ein Grundbedürfnis. Wieder ein wenig so zu werden wie die Kinder; so kann es gelingen, das Fremdbestimmte aus dem eigenen Leben zu vertreiben. Denn wir sehnen uns im Grunde unseres Herzens ja nach einem Platz, der uns guttut. Das kann in der Nähe vertrauter Menschen sein. Das können auch Orte sein. Aber der Platz, der dir die größte Heimat, der sicherste Zufluchtsort sein kann, der ist schon in dir. Solange wir diese uralte Wahrheit nicht neu entdecken, und zwar jeder für sich und auf seine Weise, sind wir verdammt, umherzuirren und Trost dort zu suchen, wo es meist keinen gibt, nämlich in der Außenwelt.

Auf der Suche nach der Lösung

Es war einmal ein Mann, der ein für ihn scheinbar unlösbares Problem mit sich herumschleppte. Ständig auf der Suche nach einer Lösung hetzte er umher. Aber er konnte keine Lösung finden, so sehr er sich auch abmühte und suchte.

Doch die Lösung folgte ihm. Sie selbst war außer Atem und schaffte es einfach nicht, den eilenden Suchenden einzuholen. Der Mann hetzte von einem Ort zum anderen und gönnte sich keine Ruhe. Schließlich war er so erschöpft, dass er sich in den Schatten eines Baumes legte, die Sonnenstrahlen in seinem Gesicht genoss, die vorbeiziehenden weißen Wölkchen beobachtete und dann einschlief.

Die Lösung, die ihm immer noch auf den Fersen war, stolperte über ihn. Der Mann

*wachte auf und hatte plötzlich die Lösung
für sein Problem vor sich.*

Quelle unbekannt

Selbstführungsimpulse unplugged: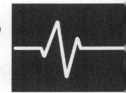

Jetzt mal Hand aufs Herz. Hältst du dich aus?

Kannst du mit dir alleine sein und deine eigene Gesellschaft ausgiebig genießen? Bist du bei dir, wenn du mit dir alleine bist? Oder hampelst du körperlich wie gedanklich unruhig umher, sobald rundum nichts passiert und du der vollen Wucht deines eigenen Seins ausgesetzt bist?

Ja, in solchen Momenten kann pure Wahrheit und Klarheit über das, was du bist, auf dich einprallen. Das ist nicht immer angenehm. Aber nur, wenn du dich selber genauso nackt und bloß, wie du dann bist, betrachtest, kannst du dich richtig kennenlernen. Und mit der Zeit vielleicht ja eine wahre Sehnsucht danach entwickeln, mit genau dieser Person immer öfter zusammen allein zu sein. Wer weiß?

25

Wer sich erfolgreich selbst führen will, sollte Vergangenheit, Gegenwart und Zukunft klug verweben.

Gespenster der Vergangenheit oder Kraft im Jetzt?

Was gestern geschah, kann traumatisch bis ins Heute wirken. Was gestern geschah, liefert aber auch Erkenntnisse, Botschaften und Trost für das Jetzt. Die Erinnerung ist der Ort, an dem die Gespenster und Erfahrungen der Vergangenheit auf die Gegenwart treffen. Dabei sind Erinnerungen in ihrer ursprünglichen Bedeutung keine starren Abbildungen des Vergangenen, sondern lebendiges Wissen, das uns heute sehr wertvoll sein kann. Wenn wir es richtig einordnen und verwenden!

Ein Geschenk für die Gegenwart

Was sind Erinnerungen? Was möchten sie uns erzählen? Woher tauchen sie auf? Erinnerungen sind sicher nicht einfach nur „Fotos" aus der Vergangenheit. Sie sind auf jeden Fall auch behaftet mit unserer persönlichen Auslegung der Vergangenheit, mit den Erfahrungen, die wir damals gemacht haben. Und auf die wir heute – aus der Gegenwart – zurückblicken.

Wie wir diese Erinnerungen im Heute einordnen, hängt dabei auch von unserem gegenwärtigen Zustand ab und davon, was wir jetzt gerade brauchen und uns wünschen. So katapultieren wir die damalige Erinnerung in unser aktuelles Leben und ordnen sie hier neu ein. Die Erinnerung wird sozusagen Teil der momentanen Gegenwart. Und hier kann sie als großes Geschenk auftreten, weil wir aus diesen Erinnerungen – auch aus den schmerzlichen – immens viel lernen können.

Erinnerungen als Durchlaufposten

Erinnerungen sind lebendig, und sie sind vor allem nur auf der „Durchreise". Deswegen dürfen wir auch nicht in der Vergangenheit leben. Aber wir sollten offen sein für diese Botschaften aus der Vergangenheit. Unsere Erinnerungen können eine wichtige Brücke sein, die unsere früheren Erlebnisse mit unserer Gegenwart und der Zukunft verbindet. Die Erfahrungen der Vergangenheit haben uns ja zu der Person gemacht, die wir heute sind. Uns daran zu erinnern, macht Sinn und verleiht uns eine gewisse Sicherheit in Bezug auf das, was noch kommt in unserem Leben.

Identität im Jetzt durch Vergangenheit

Ohne unsere Erinnerungen hätten wir keine Identität und auch keine Persönlichkeit. Der einzige Weg, zu erkennen, wer wir sind, ist die Rückschau auf unsere gemachten Erfahrungen. Erinnerungen erlauben es uns, unsere Persönlichkeit besser zu kennen, neu zu interpretieren und zu ändern. Es ist auch sehr hilfreich, sich an die eigenen Stärken und Fähigkeiten zu erinnern, an all das zu denken, was wir schon erreicht und bewältigt haben. Das hilft, neuen Herausforderungen tapfer ins Auge zu blicken und diese vertrauensvoll in Angriff zu nehmen. So erhalten wir aus der Vergangenheit – bewusst oder unbewusst – sehr viele hilfreiche Antworten, die uns in der Zukunft noch erfolgreicher machen.

Gut oder schlecht?

Nicht alle Erinnerungen sind positiv, bei manchen ist es besser, wenn sie nicht wieder das Tageslicht erblicken.

Bestimmte Dinge bedauern wir nun einmal. Wir wurden irgendwann ungerecht behandelt und haben Erinnerungen, die uns traurig und schwer machen – das gehört zum Menschsein dazu. Ob wir eine Erinnerung letztendlich als gut oder schlecht bewerten, hängt nicht vom objektiven Gehalt der Erinnerung oder dem ursprünglich Erlebten ab. Sondern davon, wie wir die Erinnerung aus heutiger Sicht bewerten. Streng genommen hat diese Bewertung sogar weniger mit der Erinnerung an sich zu tun, sondern reflektiert vielmehr die Qualität der Beziehung zwischen den Erinnerungen und unserem derzeitigen Leben.

Es liegt an dir, aus der Bedeutung deiner Erinnerungen zu lernen und ihre Kraft zu nutzen. Genauer gesagt, zu lernen, eine innige Beziehung zu deinen Erinnerungen aufzubauen, damit sie dich leiten können. Es gibt weder nur gute oder nur schlechte Erinnerungen. Welche Bedeutung eine Lebenserinnerung für dich persönlich hat, kannst nur du festlegen.

Sich erinnern und voranschreiten!

Die alte Großmutter und das Enkelkind

Es war einmal eine sehr alte Frau, der waren die Augen trüb geworden, die Ohren taub und die Knie zitterten ihr von Tag zu Tag mehr. Wenn sie nun bei Tisch saß und den Löffel kaum halten konnte, schüttete sie Suppe auf das Tischtuch, und es floss ihr auch etwas wieder aus dem Mund. Ihr Sohn und dessen Frau ekelten sich davor, und deswegen musste sich die alte Großmutter hinter den Ofen in die Ecke setzen, und sie gaben ihr das Essen in ein irdenes Schüsselchen. Noch dazu wurde sie davon nicht einmal satt; da sah sie betrübt nach dem Tisch, und ihre Augen wurden nass.

Einmal konnten ihre zittrigen Hände das Schüsselchen nicht festhalten, es fiel zur Erde und zerbrach. Die junge Frau schalt, die alte Frau sagte aber nichts und seufzte nur. Da kaufte sie ihr ein hölzernes Schüs-

selchen für ein paar Heller, daraus musste sie nun essen.

Wie sie da so sitzen, so trägt das kleine Enkelkind auf der Erde kleine Brettlein zusammen. „Was machst du da?", fragte der Vater. „Ich mache ein Tröglein", antwortete das Kind, „daraus sollen Vater und Mutter essen, wenn ich groß bin."

Da sahen sich Mann und Frau eine Weile an, fingen an zu weinen, holten sofort die Großmutter an den Tisch, ließen sie von nun an immer mitessen und sagten nichts, wenn sie ein wenig verschüttete.

Brüder Grimm

Selbstführungsimpulse unplugged: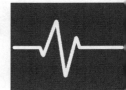

Haftest du noch den grauen Gespenstern der Vergangenheit an und lässt dich von deren trüben Schleiern in der Gegenwart beeinflussen?

Oder siehst du deine Erinnerungen aus vergangenen Zeiten als zwar manches Mal schwierig zu lebende Momente, aber heute nützliche Wegweiser für die Zukunft? Es macht Sinn, sich der eigenen Vergangenheit mit einer hohen Portion Realismus zu nähern. Wenn wir die tiefe Wahrheit vergangener Geschehnisse mit voller Klarheit in die Zukunft bringen, kann diese nur strahlender und besser werden.

26

Wer sich erfolgreich selbst führen will, darf erkennen, dass Urlaub kein anderes Wort für „krank umfallen" bedeutet.

Gesundheitsrisiko Freizeit

Der letzte Termin ist eben zu Ende gegangen, du räumst noch dein Büro auf und übergibst deiner Vertretung die Agenden der nächsten beiden Wochen. Zutiefst erleichtert steigst du in deinen Wagen und fährst nach Hause. Das irritierende Halskratzen, das dich seit einer Stunde begleitet, ignorierst du heldenhaft. Bis zum nächsten Tag ist aus dem Kratzen eine gewaltige Angina geworden. Deine Kehle steht in Flammen. Wie dein Körper, der mit 39 Grad Fieber schon am Morgen gegen das Feuer im Hals ankämpft. Dein Urlaubsflieger hebt ohne dich ab.

Dieses Phänomen des „Krankseins bei Urlaubsantritt" hat vermutlich jeder schon einmal erlebt. Wenn sich die Viren mehr freuen als der Mensch, ist die Freizeitkrankheit so gut wie ausgebrochen.

Krankheit versus Urlaub

Da hast du so richtig Lust auf dein Rendezvous mit der Entspannung. Und schwups, bevor du dich versiehst, kannst du nicht abreisen. Oder du wirst vor Ort von quälenden Viren in dein Hotelbett gezwungen. Viren, die sich als unerwünschte Reisebegleiter und blinde Passagiere aufgedrängt und in deinen Körper geschmuggelt haben. Krankheitsviren, so scheint es, arbeiten, wenn man selbst gerade mal untätig ist.

Dieses Phänomen beobachten Ärzte und Psychologen schon seit längerem. Der Mensch funktioniert in der

Arbeit bestens – wie eine Maschine. Stress, Leistungsdruck und Hektik werden problemlos ausgehalten. Projekte werden durchgezogen mit einer Kraft, die uns total erstaunt. Und dann – Urlaub. Endlich entspannen! Du wirst wach – und du bist krank. Das nennt sich Freizeitkrankheit. Was ziemlich paradox erscheint, weil die Freizeit zwar der Zeitpunkt ist, an dem dieses Leiden mit pünktlicher Regelmäßigkeit ausbricht, aber nicht dessen Ursache darstellt.

Der hinterlistige Körper

Scheinbar sind von diesem Phänomen eher Männer betroffen als Frauen. Kennzeichnend ist aber, dass es meistens Menschen erwischt, die ein sehr hohes Arbeitspensum bewältigen müssen, einen stark ausgeprägten Leistungswillen haben, viel Verantwortung tragen und die auch in ihrer Freizeit gedanklich an ihrem Schreibtisch sitzen.

Das Hinterlistige an der Sache ist: Krank ist man schon, während man arbeitet – man weiß es nur noch nicht! Man überhört beziehungsweise verdrängt die Signale des Körpers – man ist taub und ignorant. Man spürt zwar, dass es einem nicht so gut geht. Man übersieht die Wehwehchen jedoch tapfer und merkt nicht, wie schlimm die Sache aussieht – bis es zu spät ist.

Unser Körper ist äußerst raffiniert und trickst uns da fein aus. Er passt sich wunderbar an die Lebensumstände an und liefert bei Dauerbelastung brav mehr Energie ab. Das Stresshormon Cortisol versorgt den Körper ideal und stellt energiereiche Verbindungen zur Verfügung.

Der Körper schüttet Unmengen davon aus, damit wir ja durchhalten können. Dauert diese Phase jedoch zu lange, dann steigt das Immunsystem aus diesem Spiel aus!

Der Einzige, der von all dem nichts mitkriegt, bist du, während du am Schreibtisch sitzt. Und weil du ja so beschäftigt bist, verschiebt dein Körper den Ausbruch der Krankheit rücksichtsvoll nach hinten. Er weiß: „Niederbrechen kann ich erst, wenn alles erledigt ist. Dann ist ja Freizeit. Also freie Zeit, um krank zu sein." Ganz schön perfide, oder?

Die Superfete der Viren

Ist die Spannung erst einmal vorbei, pfeift der Körper seine Stresshormone zurück, was das Startsignal für die Viren ist. Diese folgen der Einladung zu einer Superfete am Strand. Yeah! Mauritius! Es gibt doch kaum einen schöneren Platz zum Kranksein.

Die Psyche entwickelt dann ihre eigene Strategie. Hat diese erst einmal begriffen, dass Freizeit bloß ein freundliches Wort für „krank umfallen" ist, hält sie Feiertage, Wochenenden, freie Tage und Urlaube für Feinde. Und agiert entsprechend! Das geeignete „Rezept" dagegen lautet bei vielen: Weitermachen! Ist das Arbeitspensum erst einmal erfüllt, geht es in der Freizeit mit Vollgas weiter. Du stopfst die freien Momente voll mit Tätigkeiten. Haushalt, Freunde, Grillen, Bergsteigen, Gartenarbeit und was dir noch so einfällt, nur, um dich nicht hinzulegen und dich zu erholen. Dabei ginge das alles doch auch ganz anders.

Planen statt verplanen

Diese vermeintliche Energie des ständigen Tuns anders zu kanalisieren und umzuleiten, ist doch gar nicht so schwer! Da kann vielleicht einmal die beste Freundin auf die Kinder aufpassen. Oder du lässt dir eine deliziöse Mahlzeit vom Italiener liefern. Du genießt ein entspannendes Bad, statt die Badewanne zu reinigen. Liest einfach einen Roman, statt ein Fachbuch zu studieren. Tausche eventuell das ewige Einerlei des „Du musst" gegen deine Lieblingsmusik aus. Dann kapiert auch dein Unterbewusstsein langsam, dass Freizeit nicht der Leibhaftige ist, und kann beginnen, deinen Urlaub mit dir gemeinsam in Gesundheit zu genießen.

Aber auch schon während der Arbeitszeit kannst du der Freizeitkrankheit einen Strich durch die grausame Rechnung machen. Am besten alle zwei Stunden! Das fördert die Konzentration und füllt die Energiereserven wieder auf. Ein kleiner Spaziergang in der Mittagspause kann hilfreich sein für jene, die ständig sitzend arbeiten. Bewegst du dich berufsbedingt ohnehin viel, solltest du zwischendurch die Füße ruhig mal hochlegen. Du siehst schon, worauf es hinausläuft: Auf Ausgleich! Dann wirst du in Zukunft alle Warnhinweise des Nahens der Freizeitkrankheit rechtzeitig erkennen, dein Verhalten ändern und darfst somit Kurs auf den Landeanflug in Richtung Erholung nehmen!

Gesund und wohlverdient urlauben!

Der Fischer

Ein Fischer sitzt am Strand und blickt auf das Meer, nachdem er die Ernte seiner mühseligen Ausfahrt auf den Markt gebracht hat. „Warum er nicht einen Kredit aufnehme", fragt ihn ein Tourist. „Dann könne er einen Motor kaufen und das Doppelte fangen. Das brächte ihm Geld für einen Kutter und einen zweiten Mann ein. Zweimal täglich auf Fang zu gehen, hieße dann das Vierfache verdienen. Warum er eigentlich herumtrödle?

Auch ein dritter Kutter wäre zu beschaffen, das Meer könnte viel besser ausgenutzt werden, ein Stand auf dem Markt, Angestellte, ein Fischrestaurant, eine Konservenfabrik" – dem Touristen leuchteten die Augen. „Und dann?" unterbricht ihn der Fischer. „Dann brauchen Sie gar nichts mehr zu tun. Dann können Sie den ganzen Tag hier sitzen und glücklich auf das Meer hinausblicken!"

"Aber das tue ich doch jetzt schon", sagt der Fischer.

Von Heinrich Böll

Selbstführungsimpulse unplugged: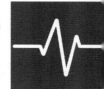

Kurz und bündig: Dein Urlaub steht dir zu. Niemand auf dieser Welt hat das Recht, ihn dir zu vermiesen. Schon gar nicht du selbst. Verstanden?

27

Wer sich erfolgreich selbst führen will, darf sich durch Krisen nicht erschüttern lassen.

Wenn die Krise fordernd anklopft

Hilfe – Krise! Panik – Krise! Ob im privaten oder beruflichen Bereich, wenn Krisen vor der Türe stehen und ihr hässliches Haupt erheben, ist sorgsames und weitblickendes Management gefragt.

Bist du Führungskraft? Dann kennst du dich sicher mit Krisen aus. In Krisenzeiten steht die Führung von Organisationen vor der großen Herausforderung, entgegen dem ersten, aufgeregten Impuls nicht nur schnell zu reagieren, sondern immer wieder auch auf die Bremse zu treten. Das bedeutet, unter Einbindung möglichst vieler und unterschiedlichster Personen den Blick zu weiten und auf die jeder Krise ebenso anhaftenden Chancen zu richten. Damit können gemeinsame, starke Bilder über die Zukunft und neuer Sinn erschaffen werden.

Krisen sind nicht nur der Zusammenbruch von florierenden Zeiten, sondern auch immer der Startpunkt für ein „neusortiertes" Zusammenspiel der Unternehmen am Markt. Wenn die Krise als ein auch positiver Ausgangspunkt betrachtet wird, der neue Chancen und Möglichkeiten eröffnet, wird sie zur Gelegenheit, die eigene Positionierung neu zu gestalten und nachhaltige Wettbewerbsvorteile zu schaffen. Die Krise als Booster eines Paradigmenwechsels? Ja, das ist sehr oft der Fall. Auch private Krisen kann man übrigens unter dieser Betrachtungsweise des „positiven Ausgangspunktes für Kommendes" mit neuen Augen sehen!

Sich und andere durch die Krise führen – Energie mobilisieren

In einer Krise – welcher Art auch immer – braucht es ein neues Verständnis von Führung und Selbstführung, um sich und andere wieder aus dieser Krise hinauszuführen. Führung muss sich also mitten in der Krise auch noch neu erfinden. Wie kann das gelingen?

Sinn stiften

Menschen können ungeheure Energien aufbauen, wenn sie in eine – aus ihrer Sicht – sinnvolle Aufgabe eingebunden sind. Führungsaufgabe in Unternehmen ist es, diesen Sinn in den Vordergrund zu stellen. Im Falle einer privaten Krise ist es an dir, deine eigene Selbstführung unter Beweis zu stellen und dir den Sinn, diese Krise aus eigener Kraft hinter dir zu lassen, so lebhaft vorzustellen, dass du tatsächlich in Bewegung kommst.

Zuversicht geben

In Krisenzeiten herrschen Angst, Unsicherheit und Verzagtheit vor. Dagegen musst du ansteuern! Zuversicht entsteht, wenn du dich aus der „Problemhypnose" befreien kannst und den Blick auf die eigenen Kräfte, Stärken und Ressourcen richtest. Erst wenn du diese Kräfte wieder in dir spürst, entsteht neue Energie, die dich langfristig aus der Krise hinaustragen wird.

Ins Tun kommen

Oft entsteht in Krisen dieses Gefühl der Ohnmacht, des Ausgeliefertseins, des Verdammtseins zur Passivität. Das äußert sich durch Jammern, die Suche nach Schuldigen, durch resignatives Schulterzucken. Solche Stimmungen und Haltungen am Zenit einer Krise sind gefährlich. Mach dir jeden Moment bewusst – auch wenn es gerade ganz dick kommt – dass du niemals gezwungen bist, ohnmächtig und passiv zu verharren. Es gibt immer einen nächsten Schritt, der gegangen werden kann.

Der eigene souveräne Krisenmanager sein

Du kannst kein guter Krisenmanager in eigener Sache sein, wenn du dich vom Stress der Krise mitreißen lässt. Nimm dir daher gerade in Zeiten der größten Anspannung Zeit für dich. Nimm dir auch Zeit, dir einen Überblick zu verschaffen. Handle in Krisenzeiten niemals überstürzt. Halte inne, um von Grund auf zu verstehen, was diese Krise, in der du dich – beruflich oder privat – befindest, hervorgerufen hat. Denke gerade jetzt über deine Stärken nach. Wie hast du in der Vergangenheit Krisen bewältigt? Nimm dir ein Beispiel daran. Was du damals konntest, kannst du jetzt auch!

Versuche, deine Zeit so gut wie möglich zu strukturieren. Was ist jetzt wirklich wichtig? Was kann warten? Was kannst du lassen? Was kannst du eventuell delegieren? Und ganz wichtig: Suche dir Deine persönlichen Energietankstellen – im privaten wie beruflichen Umfeld. Nur wenn du dich selbst entsprechend „nährst", wirst du ausreichend Kraft haben, um dich und andere durch die Krise zu führen!

Lass dich dabei nicht von allen möglichen Strömungen herumreißen. Setze deine eigenen Prioritäten, Gewichtungen und Richtungen.

In der Krisensituation ist es besonders wichtig, immer wieder zurückzublicken und jeden auch noch so kleinen Erfolg in der Bewältigung der Krise freudvoll zu zelebrieren.

Bleibe dabei in der Krise fest und beweglich zugleich!

Auch so geht Krise

In einer großen amerikanischen Stadt lebte ein Mann, der seinen Lebensunterhalt mit dem Verkauf von Hot Dogs am Straßenrand verdiente. Er hörte nicht mehr sehr gut und schaltete deswegen nie ein Radio ein. Sein Interesse am Lesen war nicht sehr groß, so las er auch keine Tageszeitung. Aber er verkaufte gute Hot Dogs.

Er stellte jeden Morgen sein Schild an der Straße auf und machte voller Stolz Werbung für seine guten Hot Dogs. Er stand am Straßenrand und schrie: „Kauft Hot Dogs! Leckere Hot Dogs!" Und er war erfolgreich. Seine Kunden liebten seine Hot Dogs. Er erhöhte seine Fleisch- und Brotbestellungen und kaufte einen größeren Ofen, um der Nachfrage gerecht zu werden.

Dann brauchte er Hilfe und fragte seinen Sohn, der an einer Universität studierte, ob er nach Hause kommen könne, um ihm zu helfen.

Aber der Sohn sagte: „Vater, was machst du? Im Radio und in den Zeitungen wird tagtäglich von der großen Wirtschaftskrise berichtet. Die internationale Situation ist schrecklich und die innerstaatliche noch schlimmer."

Daraufhin dachte der Vater: „Mein Sohn hat studiert. Er hört Radio und liest Zeitung – er wird es ja wissen." Also reduzierte er seine Bestellungen, nahm die Schilder von der Straße und pries auch nicht mehr lauthals seine Hot Dogs an. Der Verkauf seiner Hot Dogs brach über Nacht zusammen. „Du hattest recht, Sohn", sagte der Vater zu dem Jungen. „Wir sind wirklich in der Mitte einer großen Wirtschaftskrise."

Quelle New York Times

Selbstführungsimpulse unplugged: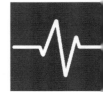

Wie reagierst du auf Krisen? Hilflos erstarrt wie das Kaninchen vor dem Fuchs? Paralysiert und völlig handlungsunfähig?

Oder spielst du in akuten Krisenzeiten lieber Vogel Strauß und duckst dich weg? Beide Verhaltensmuster werden dich nur tiefer und tiefer in die Krise stürzen. Während du furchtsam zitterst oder den Kopf im Sand vergräbst, geht nämlich die Krise munter ihren Weg und steuert auf ihren Höhepunkt zu.

In Krisen hilft nur eines: En avant! Mit klarem und entschlossenem Blick musst du der Krise ins Auge blicken und die nackte Wahrheit dahinter erkennen. Und sobald du diese angenommen hast, kannst du beginnen, diesen Kräften entgegenzuwirken. Ja, es ist hart. Aber du bist härter.

28

Wer sich erfolgreich selbst führen will, darf auf der Gratwanderung zwischen Harmonie und Durchsetzungskraft nicht die Balance verlieren.

Harmonie – wirklich das gelobte Land?

Ein konfliktfreies Leben zu führen, wer möchte das nicht? Keinerlei Streit oder Misstöne mehr im familiären Umfeld. Schluss mit ermüdenden Widerständen und nervenaufreibenden Konflikten am Arbeitsplatz. Harmoniestreben steht bei uns sehr hoch im Kurs. Mit allen gut Freund zu sein, das wäre doch der anzustrebende Idealzustand, fast schon wie das gelobte Land.

Doch, ist es für unser eigenes Seelenheil wirklich so günstig, diesem Harmoniegedanken anzuhängen? Ist es nicht manches Mal für unsere eigene Entwicklung besser, auf Friede, Freude und Eierkuchen zu verzichten?

Eintracht als Imperativ unserer Zeit?

So hohes Harmoniestreben wie heute hat selten geherrscht. Je krisengeschüttelter die Welt ist und desto unsicherer das eigene Leben erscheint, desto größer wird die Sehnsucht nach einem konfliktfreieren Leben. Davon zeugen bibliotheksfüllende Ratgeber, eigene Teemischungen, spezielle Badeessenzen, die uns zeigen sollen, wie Harmonie gelingt. Wie wir die Balance zwischen Ying und Yang erreichen – den harmonischen Einklang gegensätzlicher Prinzipien. Kein anderes Symbol der fernöstlichen Lebensphilosophie hat heute eine derartige Hochkonjunktur.

Es boomen Seminare und Workshops in noch nie da gewesener Anzahl, in denen wir zu Gleichklang und Balance angehalten werden. Und das überall und zu jeder Zeit. Alles mit dem Ziel, „in harmonische Schwingung" zu kommen, mit dem Partner, der Familie, den Freunden, den Mitmenschen und mit der Natur. Eintracht ist das Schlüsselwort unserer Zeit.

Um des lieben Friedens willen

Sich dazugehörig fühlen, das wünschen sich viele Menschen. Natürlich kann das wohlig und schön sein. Doch paradoxerweise streben wir auch dann nach Harmonie, wenn sich dieser wohltuende Effekt gar nicht einstellt. Wir wollen in ganz vielen Lebenssituationen mit anderen harmonisch sein, ohne dass es wirklich unseren inneren Gefühlen entspricht.

Ja, wir geben uns selbst dann noch bei Essenseinladungen bei Freunden harmonisch, wenn am Tisch dummes Zeug geredet wird. Um Harmonie zu halten, sind Menschen oft bereit, selbst die eindeutigsten Anzeichen gebotener Disharmonie zu ignorieren. Wir schummeln uns durch, schweigen die heftigste Irritation tot und applaudieren angesichts von Scherzen, die auf Kosten Dritter gehen.

Das krampfhafte Suchen nach Gemeinplätzen in der Diskussion, das Heucheln bis zur Schmerzgrenze, nur damit alle zufrieden sind. Das kostet enorm viel Kraft und stresst uns. Weshalb tun wir es trotzdem?

„Sucht" nach Harmonie

Meist stecken hinter dem Wunsch der Harmonie, oder besser gesagt, der Sucht nach Harmonie tiefgründige

Ängste, wie zum Beispiel die Furcht vor Konflikten. Innerlich haben viele durchaus den Wunsch, sich davon abzugrenzen oder einmal so mutig zu sein, als Einziger unter den ewigen „Abnickern" in der Runde dem Rudelführer mal so richtig die Meinung zu sagen.

Aber latente Ängste vor Aggressionsentladungen der Person, die da vielleicht zu wenig Zuspruch oder Aufmerksamkeit von uns erhalten hat, halten uns dann oft doch zurück. Oder auch die Angst, in Ungnade zu fallen, oder, noch schlimmer, gar aus gewissen sozialen Gruppen für immer ausgeschlossen zu werden.

Es ist diese uralte Angst, die bis in unsere Kindertage zurückreicht. Die Angst vor Ablehnung, dem Zurückgewiesenwerden, dem Liebesentzug, wenn wir uns nicht so verhalten, wie es die Eltern eingefordert haben. Wenn wir uns auch noch als Erwachsener verpflichtet fühlen, bei unechten Harmonieszenarien mitzuspielen, dann ist dies oft ein Überbleibsel eines von außen eingepflanzten schlechten Gewissens. Wir fühlen uns unterbewusst schuldig, wenn wir die Harmonie nicht erfüllen bzw. stören.

Achtung vor übertriebener Harmoniesucht

Trotzdem. Hat der Versuch, in Harmonie zu leben nicht auch etwas Erstrebenswertes? Vielleicht, weil uns eine solche Lebensweise negative Gefühle nimmt, die in uns sonst überdauern und uns immer wieder zusetzen würden? Die Frage wird schlagend, sobald die Beziehung zu einem Menschen, der uns nahesteht, nachhaltig gestört ist, wenn wir mit dieser einst oder noch geliebten Person in Unfrieden leben oder den Kontakt ganz abgebrochen haben, zum Vater oder zur Mutter, zu den Geschwistern oder engen Freunden.

Wir tun uns unheimlich schwer, mit solchen biografischen Erschütterungen und emotionalen Tsunamis fertigzuwerden. Manchmal überdauert dies ein ganzes Leben lang. Und die entscheidende Frage wurde nie wirklich gestellt und beantwortet: „Soll ich den Bruch integrieren oder kitten? Ist es richtig, dass für uns einer den „sozialen Tod" gestorben ist – drängt es uns nicht doch zu Vergebung, Versöhnung und neuer Harmonie?

Harmonie ist scheinbar ein unumstößlicher Wert. Sie zu erzielen, egal wie, ist immer gut und richtig, zumindest immer besser, als im Bruch oder in einem unvollendeten Status zu verharren. Trotzdem sollten wir hier klar zwischen dieser Art der Harmonie – die für den Seelenfrieden wichtig ist – und übertriebener Harmoniesucht unterscheiden.

In Harmonie mit uns selbst

Wer anderen vergibt, so die Erkenntnis, tut vor allem sich selbst etwas Gutes, weil wir tiefe negative Gefühle, wie Groll, Wut, Ärger und Hass loswerden. Gefühle, die uns sonst sehr lange Zeit, manchmal ein Leben lang, gefangen nehmen. Vergeben ist tatsächlich das Talent, nicht nur dem anderen, sondern auch sich selbst etwas Gutes zu tun.

Und Harmonie? Mündet sie nicht auch in der ersehnten Seelenruhe? Nicht unbedingt. Das friedvolle Leben, nach dem uns alle dürstet, finden wir nicht dadurch, dass wir uns jedem Harmonieangebot beugen. Der Harmoniefalle entkommen wir erst, wenn wir Zugang zu unseren wahren Gefühlen gewinnen, wenn wir wissen, wann die Harmonie, um die es da geht, wirklich dem eigenen Wunsch entspricht. Das geschieht dann, wenn unsere wahre Identität mit der Harmonie in Einklang ist! Viel öfter, als wir denken, sind wir fremdgesteuert, manipuliert, emotional erpresst, ohne es zu merken. Unsere Aufgabe besteht jetzt nicht darin, möglichst oft Harmonie zu erzielen. Die Herausforderung ist es, zu lernen Gefühle, abzulegen, die nicht unsere eigenen sind, sondern fremde, uns belastende, die in uns überdauert haben.

Je bewusster wir uns dieser Gefühle werden, die von außen in uns eingepflanzt wurden, desto deutlicher können wir sie von unseren wirklichen Bedürfnissen unterscheiden. Wenn Eigensinn und das Gefühl für das eigene Wohl die Fremderwartung der Harmonie ersetzen, dann fangen wir an, mit uns selbst harmonisch zu werden.

Harmonie, aber nicht um jeden Preis!

Der Mann auf der Insel

Es lebte einmal ein Mann auf einer kleinen Insel. Eines Tages spürte er, dass die Insel unter ihm zitterte. „Sollte ich vielleicht etwas tun?" dachte er. Aber als die Insel zu zittern aufhörte, beschloss er, erst einmal abzuwarten. Wenig später brach ein Stück der Küste ab und fiel tosend ins Meer. Der Mann war beunruhigt.

„Sollte ich vielleicht etwas tun?", dachte er. Da er aber auch gut ohne das Stück leben konnte, beschloss er, weiter abzuwarten. Kurz danach fiel ein zweites Stück seiner Insel ins Meer. Der Mann erschrak nun heftiger.

„Sollte ich vielleicht etwas tun?", dachte er. Doch als nichts weiter passierte, beschloss er, noch immer abzuwarten. „Bis jetzt", sagte er sich, „ist ja alles gut gegangen." Es dauerte nicht lange, da versank die ganze Insel im Meer und mit ihr der Mann, der sie bewohnt hatte.

„Vielleicht hätte ich doch etwas tun sollen", *war sein letzter Gedanke, bevor er ertrank.*

nach Franz Hohler

Selbstführungsimpulse unplugged: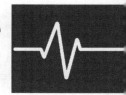

Hast du es auch mit der Harmoniesucht?

Schaust du von potentiellen Problemen und Konflikten so lange weg, bis dir – wie dem Mann auf der Insel – dein gesamtes Leben um die Ohren fliegt oder dir der Boden unter den Füßen weggerissen wird?

Harmonie ist sicher ein wichtiger Faktor im Leben. Aber nicht um jeden Preis. Wer Konflikte und Themen schönbügelt, ist von einem Leben in Klarheit und Wahrheit meilenwert entfernt. Wage doch einmal den Sprung in die temporäre Disharmonie. Und erfreue dich an der süßen, neuen Freiheit, die du dadurch erhältst!

Klar und wahr – jetzt bist du dran

Erst, wenn du dich änderst, kann Veränderung beginnen. Aber dann ist alles möglich.

Die große Frage, die sich nun für dich stellt: Bist du bereit zur Veränderung? Wenn du dieses Buch nicht nur vollständig gelesen, sondern auch immer wieder innegehalten hast, um alle Selbstführungsimpulse unplugged auf dich wirken zu lassen, dann müsste das Samenkorn der Veränderung bereits auf fruchtbaren Boden gefallen sein. Indem du bis zu diesem Nachwort vorgedrungen bist, hast du ja schon den ersten Schritt zu mehr Selbsterkenntnis getan und viel Ausdauer bewiesen!

Wenn du dich als Resultat bereits darauf eingelassen hast, alle behindernden Schichten, die dein wahres Ich noch verdecken, durch diese Impulse endlich wegzureißen, dann hast du dich bis in die Tiefe deines Denkens und Seins – also schonungslos und vollkommen unplugged – selber sehen dürfen! Wenn das so ist, dann gratuliere ich dir aus ganzem Herzen dazu und bin beeindruckt von deinem Mut. Es gibt keinen couragierteren Akt im Leben, als uns selber genau so zu sehen, wie wir sind. Nackt & bloß und dadurch immens verletzlich. Aber aus genau dieser Verletzlichkeit entsteht die Stärke, die wir brauchen, um den anstehenden Veränderungen endlich tapfer ins Auge zu sehen und ins TUN zu kommen.

Dafür braucht es allerdings die ultimative Wahrheit. Auch die Wahrheit ist immer „nackt & bloß" – deshalb haben wir ja so oft Angst vor ihr. Betrachte von jetzt an meine 28 Impulse als eine langfristig wirksame Anstiftung, die dich deine inneren Grenzen ständig erweitern lässt und so sukzessive mehr Klarheit und Wahrheit in dein Leben bringt.

An dieser Stelle endet unsere gemeinsame Reise durch die Welt der gelebten Selbstführung. Es war schön, dich kennengelernt zu haben und dich ein kleines Stück auf deinem Weg begleiten zu dürfen. Du hast dabei einiges über dich selbst erfahren. Du hast gelernt, dich mit dir selber intensiver auseinanderzusetzen. Du hast gelernt, in einen Dialog mit dir selbst zu treten. Du hast gelernt, dich selber besser zu führen. Ausgestattet mit dieser neuen Kunst der konsequenten Selbstführung kannst du von jetzt an nur noch erfolgreicher sein als bisher schon, denn du hast deine Grenzen erweitert. Dich abermals ein wenig weiter vorgewagt, heraus aus der gleichförmigen Komfortzone, hinein in das unbekannte, pralle Leben. Und ich bin sicher, du wirst dort, wo du jetzt bist, nicht lange stehen bleiben. Denn du hast nun Gefallen daran gefunden, dich in voller Klarheit und Wahrheit zu sehen! Von dieser Erkenntnis kann man nie mehr zurücktreten, von da an kann es nur noch vorwärts gehen! Ich bin sicher, du wirst ab jetzt den starken inneren Wunsch verspüren, Dich immer weiter zu verändern und zu transformieren. Die größte Herausforderung im Leben ist es schließlich, die eigenen Grenzen zu überwinden und soweit zu gehen, wie du es dir niemals hättest träumen lassen.

In diesem Sinne wünsche ich dir, dich selber noch in vielen Facetten deines ganz persönlichen „Unplugged-Zustandes" kennenzulernen, jede davon anzunehmen und weiter und weiter zu wachsen. Und ganz wichtig: Denk bitte daran, auch andere anzustiften, es dir gleich zu tun. Im Sinne von Klarheit und Wahrheit für so viele Menschen wie möglich!

Dein
Richard Gappmayer

Über den Autor

Richard Gappmayer war mehr als 20 Jahre im nationalen und internationalen Top-Management mit Schwerpunkt Verkauf, Vertrieb und Marketing tätig. Nach einer Phase der Reflexion über seine bisherigen Lebensjahre bestieg er trotz seiner starken Agoraphobie und Höhenangst erfolgreich den Kilimandscharo. Noch am Berg beschloss er, sein Leben neu auszurichten. Der Top-Performer ließ seine hohe Managementfunktion hinter sich und machte sich als Wirtschaftscoach selbstständig. Heute berät er Unternehmen zu den Themen Strategie, Verkauf, Vertrieb und Marketing und ist als gefragter Führungskräftecoach tätig. Richard Gappmayer beschäftigt sich seit über 20 Jahren mit mentalem Training und der Philosophie der Shaolin Mönche. Er trainiert heute noch regelmäßig mit Shaolinmeister Shi Xinggui und perfektionierte so über lange Jahre seine eigene Selbstführungskompetenz. Er ist Shaolin-, Qi Gong- und Chan-Meditationslehrer. Dieses Wissen gibt er in seinen Life-Coachings an hochrangige Manager und Unternehmer weiter.

Er verbindet professionelles betriebswirtschaftliches Know-How mit jenen Soft Skills, die eine erfolgreiche Selbstführung auf allen Ebenen ermöglichen. Diese Symbiose zeichnet seine eigene, hohe Führungs- und Selbstführungskompetenz aus. Der erfolgreiche Unternehmer und mehrfache Buchautor ist ein gefragter Keynote-Speaker und Interviewpartner zu seinen Kernthemen.
2018 erhielt Richard Gappmayer den Constantinus Award in Gold und belegte Platz eins in der Kategorie „Management Consulting".

„Erfolg ist, was folgt, wenn wir uns selbst folgen!"
www.richard-gappmayer.at

Der Erfolgsvortrag von Richard Gappmayer:
Die vier Säulen des Erfolges - Führe dich selbst, sonst tut es keiner!

Würden Sie es wagen, den Kilimandscharo zu besteigen, wenn Sie unter starker Agoraphobie und Höhenangst leiden? Richard Gappmayer hat es getan und sich so das Tor zu einer neuen Welt und einem neuen Leben erschlossen.

Seine Kilimandscharo-Bezwingung führte Richard Gappmayer die wichtigsten Säulen vor Augen, die Menschen brauchen, um nachhaltig erfolgreich zu sein. Geduld, Willenskraft, Durchhaltevermögen entwickeln und diese drei Fähigkeiten in Achtsamkeit ausüben. Sobald Sie diese vier Säulen des persönlichen Erfolges nachhaltig in Ihr gesamtes berufliches und privates Tun integriert haben, werden Sie alle Ihre Ziele leichter in die Realität bringen.

Aus den prägenden Erkenntnissen seines Abenteuers auf dem Berg und der Essenz seines Erfahrungsschatzes als Top-Führungskraft zieht Richard Gappmayer im Vortrag spannende Parallelen zur Welt der hochkarätigen Führung.

Erfahren Sie von Wirtschaftscoach Richard Gappmayer, wie Sie den absoluten Glauben an sich selbst entdecken, Ihre inneren Saboteure für immer zum Schweigen bringen und ein Meister der Selbstführung werden. Richard Gappmayer zeigt seinem Publikum in diesem inspirierenden und aufrüttelnden Vortrag, dass nur das Überwinden der eigenen Grenzen neue Horizonte und damit neue Erfolge erschließt. Finden auch Sie als Impuls aus diesem Vortrag Ihren eigenen Kilimandscharo – steigen Sie auf und übernehmen Sie die Selbstführung, sonst wird es nämlich keiner tun!

Ihr Nutzen:

- Wie Sie die vier Schlüsselqualifikationen des persönlichen Erfolges in Ihr Leben integrieren können.
- Wie Sie mit Ihren Ängsten, Zweifeln und Saboteuren besser umgehen.
- Was „Shaolin-Mental-Training" zum persönlichen Erfolg beitragen kann.
- Welche Motivation wahrer Life-Change braucht.
- Was Ihr eigener persönlicher Kilimandscharo im Leben ist.